双车道公路线形安全与附加车道设计方法

第1章 绪论
第2章 双车道公路线形与交通特征
第3章 双车道公路线形要素与行车安全
第4章 双车道公路线形连续性与行车安全
第5章 双车道公路超车行为安全评价
第6章 双车道公路附加车道设置条件
第7章 双车道公路附加车道效益评估与设置间距
第8章 双车道公路附加车道几何设计指标
参考文献

程国柱 吴立新 ◎ 著

知识产权出版社
全国百佳图书出版单位

前　　言

　　截至2014年年底，全国公路总里程达到446.4万千米，其中二、三级公路里程比例达17.1%，而二、三级公路2013年交通事故数量、死亡人数和受伤人数所占比例却分别达到了52.1%、50.8%和52.0%。因此，二、三级公路是交通事故的重点防范对象，其交通安全问题研究意义重大。按照《公路工程技术标准》（JTG B01—2014）中对公路等级的划分，二级公路、三级公路均属于双车道公路，四级公路作为支线公路，交通量较小，双车道公路所占比例也较少，故本书中以双车道公路（仅包括二级公路和三级公路）线形安全问题为研究对象。

　　由于没有可利用的同侧超车道，双车道公路驾驶人需要根据对向车道交通流的状况，判断是否出现可接受的间隙，进而决策是否利用对向车道超车。而驾驶人的视认、感知、判断与决策受到道路、交通、环境等诸多因素的影响，势必存在失误风险。因此，驾驶人在双车道公路上的超车行为直接影响着行车安全，如何对其安全性进行定量评价成为道路交通安全研究领域的研究热点与难点之一。此外，为满足高速车辆超越低速车辆的需求，若交通流中始终没有可供驾驶人超车的间隙，需要考虑在合适位置设置超车道，以避免驾驶人冒险超车、导致交通冲突。双车道公路附加车道（超车道）的设置在美国已较为成熟，但是由于中外驾驶人驾驶行为及公路交通的差异，其成果并不能直接应用于我国；而我国现行的《公路工程技术标准》与《公路路线设计规范》中对于附加车道设置的相关规定尚属空白，急需对其设置条件及几何设计指标开展研究。本书对于填补我国《公路工程技术标准》及《公路路线设计规范》中的双车道公路附加车道设计空白，降低我国双车道公路交通事故数量及事故伤亡人数，以及提高我国双车道公路交通运行效率具有重要意义。

　　本书受教育部留学回国人员科研启动基金"双车道公路自由超车道设置与几何设计研究"、吉林省科技发展计划（国际科技合作）项目"双车道公路超车安全评价与自由超车道设置研究"（20140413011GH）资助，全书分为八章，依次为绪论、双车道公路线形与交通特征、双车道公路线形要素与行车安全、双车道公路线形连续性与行车安全、双车道公路超车行为安全评价、双车道公路附加车道设置条件、双车道公路附加车道效益评估与设置间距、双车道公路附加车道几何设计指标。本书分工为哈尔滨工业大学程国柱（第1、2、5、6、7、8章），吉林建筑大学吴立新（第3、4章），全书由程国柱、吴立新负责统稿，哈尔滨工业大学研究生王玉霞、李德欢参与了数据调查与理论分析，知识产权出版社刘爽编辑为本书的出版提供了大力支持，在此一并表示感谢！

　　本书参考了有关标准、规范和论著，在此谨向有关编著者表示衷心的感谢！由于作者水平有限，书中难免有不妥之处，敬请读者批评指正。

目 录

第1章 绪论 ... 1
1.1 研究背景 ... 3
1.2 国内外研究现状 ... 4
1.3 本书的主要内容 ... 9

第2章 双车道公路线形与交通特征 ... 13
2.1 双车道公路线形特征 ... 15
2.2 双车道公路通行能力 ... 20
2.3 双车道公路交通运行特征 ... 23
2.4 双车道公路事故特征 ... 26

第3章 双车道公路线形要素与行车安全 ... 31
3.1 平面线形要素 ... 33
3.2 纵断面线形要素 ... 39
3.3 平纵线形组合 ... 41
3.4 横断面设计要素 ... 45

第4章 双车道公路线形连续性与行车安全 ... 47
4.1 设计速度与运行速度 ... 49
4.2 线形连续性评价标准 ... 50
4.3 运行速度计算方法及实例分析 ... 52

第5章 双车道公路超车行为安全评价 ... 65
5.1 交通冲突与模糊评价 ... 67
5.2 试验方案与数据分析 ... 68
5.3 超车安全评价方法 ... 73

第6章 双车道公路附加车道设置条件 ... 77
6.1 附加车道设置的交通量条件 ... 79
6.2 附加车道设置的横断面条件 ... 85
6.3 附加车道设置的平面线形条件 ... 87
6.4 附加车道设置的纵断面线形条件 ... 91

第7章 双车道公路附加车道效益评估与设置间距 ... 97
7.1 基础资料调查 ... 99
7.2 附加车道设置的交通安全改善效益计算方法 ... 102
7.3 附加车道设置的运行效率提升效益计算方法 ... 105
7.4 附加车道设置的净效益计算方法与模型参数标定 ... 107
7.5 附加车道设置间距 ... 112

第8章 双车道公路附加车道几何设计指标 …………………………… 115
   8.1 附加车道长度 ……………………………………………………… 117
   8.2 附加车道宽度 ……………………………………………………… 119
   8.3 附加车道最大上坡坡度 …………………………………………… 122

参考文献 ………………………………………………………………… 127

第 1 章

绪 论

本章主要介绍双车道公路线形安全与附加车道设计方法的研究背景、国内外研究现状，以及本书的主要研究内容，包括双车道公路特性分析，双车道公路线形要素与行车安全，双车道公路线形连续性与行车安全，双车道公路超车行为安全评价，双车道公路附加车道设置条件，双车道公路附加车道效益评估与设置间距，以及双车道公路附加车道几何设计指标。

1.1 研究背景

在"人-车-路-环境"组成的动态交通系统中，"人"是中心，"路"为基础，两者在交通系统中的作用都是至关重要的。交通事故的发生，往往是人、车、路与交通环境组成的系统中一个或多个因素失调所致。但是在交通事故分析中往往将事故原因归于"人为造成"，因此在事故预防时把主要精力都放在了对"人"的研究上，而忽视了"路"在交通事故中的作用，客观上减少了道路条件对交通安全影响方面的研究，尤其是道路线形条件的影响。

国外的一些研究表明，良好的道路条件在很大程度上可以减少事故的发生，不良的道路条件则可以促使事故的发生。苏联学者通过对境内公路 13 000 余起道路交通事故进行分析，在仔细考虑了事故发生地道路的特征后，得出这样的结论：不良道路条件的影响是 70%交通事故发生的直接或间接原因。欧洲联合经济委员会在关于预防道路不幸事件问题的研究中也同样指出，70%的事故是由于道路的缺陷所致。由郭忠印、方守恩编著的《道路安全工程》一书中提到，与道路因素有关的事故占事故总数的 28%～34%，即使是由人的因素导致的事故，许多时候也是受到道路与交通环境的影响。同时，大量事故多发地点的存在，同样证明了道路因素在事故的发生中起到相当重要的作用。

受我国国民经济条件、交通需求、地形地貌等多方面的限制，双车道公路作为一般干线公路，是我国公路网中的重要组成部分。行驶于双车道公路的车辆不仅会受到同向交通流之间的干扰，也会受到对向来车的影响。一般情况下，车辆只在本向车道内运行，受汽车动力性能好坏、驾驶人期望速度等因素影响，车辆在运行速度上具有一定的差异，使得速度较快的车辆经常被迫跟驰于慢速车辆，只有在对向交通出现合理的间隙和足够的视距且本车道满足一定的回车条件时，驾驶人才会借用对向车道以超越慢速车辆。双车道公路的交通运行效率与安全性也主要取决于上述交通特点。数据表明，在我国公路通车总里程数中，双车道公路占总里程数的比例小于 30%，然而发生在双车道公路上的交通事故以及死亡人数却超过半数，双车道公路已成为"事故之路"。通过对多条双车道公路事故调查分析发现，凡是道路线形比较复杂的路段往往就是事故多发地点。因此，道路线形设计是否合理，不仅关系到行车速度和道路通行能力，而且严重影响行车安全。长期以来，我国评判道路设计的优劣往往以工程量的大小、造价的高低作为衡量标准，在道路设计规范中，更多地是关心力学方面的要求，比如设计规范中平曲线极限半径、纵断面坡度值的规定、路面的超高设置等，同时还过多考虑的是工程技术的难易性。比如，规范中要求道路线形要尽量依附于地形，避开施工难度大的地点。这样的设计结果，虽然能满足汽车行驶的力学要求，但往往不能符合驾驶人的心理需要，大大降低道路的安全水平，形成大量的事故多发点。尽管公路工程技术标准已经开始考虑驾驶人的驾驶需求，但目前我国仍然以设计速度作为道路几何线形的设计依据，以运行速度作为评价指标。深入细致地分析道路因素与事故的关系，尤其是占公路网比重较大的双车道公路线形对行车安全的影响，对于预防和减少交通事故意义重大。

从交通安全的角度来看，超车时驾驶人将进行加速、刹车、借道、回车等一系列操作，这些操作均有一定的失误风险，对超车机会的判断、道路环境的感知也存在一定的偏差，这些因素均增加了超车的风险性和失误率。特别是，在临时占用对向来车车道超越本车道慢速车辆时，与对向来车碰撞引起的事故往往比其他类型的事故更严重，威胁国民的人身和财产安全。同时，双车道公路上的慢速车辆（载重量较大的货车或汽车性能较差的小汽车）对跟随其后的快速车辆具有一定的"拦截"作用，使快速车辆无法按其期望速度顺利通行，因同向车道及对向车道交通条件而无法顺利超车的快速车辆而延长了其在途时间，降低了交通运行效率。

因此，基于双车道公路上的交通特点，考虑如何采取措施提高其超车安全性，减少双车道公路上的交通拥堵，进而提高其通行能力成为道路交通领域的研究难点和热点之一。考虑到双车道公路上述问题的根本原因在于快速车辆借用对向车道超车的可行性与安全性，在双车道公路同侧设置附加车道，使慢速车辆在对应位置驶入其中，既为快速车辆顺利超车提供条件，又避免车借道超车的风险。附加车道作为一种新形的技术措施，在我国《公路工程技术标准》（JTG B01—2014）与《公路路线设计规范》（JTG D20—2006）中尚无相关规定。

鉴于上述背景，本书从分析双车道公路车辆的运行特性及其道路线形对交通安全的影响入手，开展双车道公路附加车道设置的交通条件和道路条件、双车道附加车道效益评估、适用性分析和设计要素研究，并以此为依据在道路规划设计中尽可能地为驾驶人提供安全宽松的驾驶环境，对已建道路找出线形不连续、对行车安全影响较大的路段加以改善，研究成果预期可为我国公路规划、设计、建设与管理等部门提供依据与参考，最终达到提高双车道公路的安全性的目的，这将对改善我国的道路交通安全状况，遏制我国的交通事故增长趋势产生深远意义。

1.2 国内外研究现状

1.2.1 国外研究现状

1. 双车道公路线形安全研究

随着对道路交通安全问题重视程度的不断提高，美国等发达国家对道路线形、速度与安全的关系进行了广泛深入的研究，积累许多宝贵的经验，并应用于道路的实际建设中，取得了较好效果。

美国拥有乡村公路 300 多万千米，占公路总里程的一半。乡村公路的道路条件和交通状况以及发挥的作用与我国的双车道公路情况比较相似。早在 20 世纪 30 年代，美国就开始了双车道乡村公路基于设计速度概念的速度一致性研究，这种设计理念一直被多个国家所采用。但近年来美国等国家发现基于运行速度的设计方法更能够保证道路线形的连续性，国外学者开展了大量的关于运行车速与道路线形影响因素关系的研究，并建立了相应模型。

Lamm 与 Choueirig 根据纽约双车道乡村公路 261 个调查断面的数据，建立了运行速度与曲线偏角、车道宽度、路肩宽度及年平均日交通量之间的关系模型。在上述研究基础上，Lamm 等人构建了双车道公路运行车速与平曲线半径的关系模型。

Ottesen 与 Krammes 对平曲线运行车速测算回归模型进行了归纳总结，模型变量为曲率，模型形式包括线性模型、指数模型及幂函数模型。

Al-Masaeid 等人研究了直线段与相邻曲线段之间运行车速的降低值（△v）问题，分析了△v 与曲率、路面条件、纵坡以及竖曲线长度的关系，并给出了相应模型。

Fitzpatrick 等人在综合考虑平纵线形影响的基础上，开发了双车道乡村公路不同纵坡条件以及平纵曲线组合情况下，运行车速与曲线半径的关系模型，其纵坡的范围为 −9%～−4%、−4%～0、0～4%，4%～9%。

加拿大交通协会推荐了一种由 Krammers 等人开发的速度断面图模型，该模型通过描述道路的速度变化，引进了"直线临界长度"的概念，对平面线形中的直线段进行了分类，被视为计算双车道公路直线段运行车速的一种有效方法。直线临界长度的值，与直线段的运行速度、相邻曲线的运行速度及车辆的加（减）速度有关。

由美国联邦公路局主持开发的道路安全核查与安全设计软件——"交互式道路安全设计模型"（Interactive Highway Safety Design Model）是目前国际上发布的唯一的专门而又系统化的道路安全设计计算机应用系统，可用于双车道公路的安全设计。

2. 双车道公路超车行为研究

双车道公路驾驶人的超车行为是最为复杂与危险的驾驶行为之一，由于超车而导致交通事故的伤亡严重性与其他事故相比往往更为严重。鉴于其重要性，国外已对超车行为开展了较为广泛的研究。

在 20 世纪早期，Forbes 和 Maston 就已经对超车模型开始研究，他们根据超车开始和结束的特点，把超车分为快速超车、变速超车及强制超车等类型。

从 1938 年开始，Normann 相继在马里兰、加利福尼亚州、得克萨斯州等 8 个地区搜集超车数据，数据多达两万组，Normann 并在第二年提出了"单个超车"的定义。

Prisk 从搜集的数据中选出了约 3500 份"单个超车"数据，并进行了定性分析，他把超车行为划分为了 A、B、C、D 四类：A 类即由于对向车道有来车迅速靠近导致超车暂时延迟；B 类即超车车辆已经在对向车道，但是由于前方来车迅速靠近而加速超车，迅速驶回本车道；C 类即 A 类和 B 类的结合，既有超车延迟又有超车加速驶回；D 类即在完整的超车过程中，对向车道没有车辆经过，超车过程完全不受影响。

已有的理论模型均是以被超车车辆、超车车辆及对向车辆的运动特性为基础建立的，模型的诸多参数对环境的变化都较为灵敏，而且需要通过现场实测数据进行标定，但是，并不能对现象给出精确的解释。近年来，针对超车行为国外也开展了多项试验研究。

Polus、Llorca 和 Garcia 等人采用视频观测手段对超车过程中的行为及描述行为的各项参数进行了分析；Carlson、Llorca 则应用试验车观测超车行为数据，进一步增加了试验内容。

Farah、Jenkins 和 Rilett 等人应用模拟器进行评价驾驶人的因素对超车行为的影响，但是其有效性并未经过实测数据的验证。

上述研究分别从理论和试验两方面分析了道路条件或驾驶人行为对超车的影响，另外还有研究考虑了天气条件及夜间条件对超车的影响。

3. 双车道公路超车道设置效益研究

双车道公路上有限的视距与受限制的超车机会导致驾驶人不能随心所欲地超车，而当驾驶人长时间跟驰行驶后，容易变得暴躁，进而选择冒险超车，导致交通事故频发，尤其是与对向车辆的正面碰撞居多。这种情况可以通过设置超车道得到改善，Newman 的研究表明，超车道的设置会对其下游 5～13 km 交通运行产生影响，而这种影响具有十分明显的安全改善效益。

美国最终技术报告TNW2008-04在对双车道公路上的事故调查表明,在事故率较高的双车道公路上,相比于限速和增加路肩宽度等降低道路事故发生率的措施,超车道的设置可同时降低追尾事故和总事故率。而在适当位置设置超车道更被认为是提供更多的超车机会,降低延误和提高道路通行能力的最有效手段之一。

在美国HCM2000中采用PTSF和ATS两个参数对超车道的设置效益进行评估,分析认为超车道设置路段的PTSF为其上游路段的58%~62%,影响长度为超车道开始点到下游的5.5~20 km;超车道路段的ATS为其上游段的1.08~1.11倍,影响长度为2.7 km。

美国公路合作研究组织Report500中给出超车道公路可使设置路段的总事故率降低25%,并对其设置下游5~13 km交通运行情况具有明显的改善作用;并且认为超车道对安全效益与交通改善作用成功的关键在于正确选择设置地点,在Washington、Pennsylvania和Michigan等地均采用超车道以改善双车道公路上的交通运行。

Ahmed和Zachary在Montana州分别对两种不同布置形式的超车道的上下游进行了现场试验,并使用跟驰百分率,跟驰密度和平均运行速度与自由流速度的比值作为研究参数,得出前两个参数对超车道效益评估更为灵敏,超车道的设置使实测两处上下游跟驰密度百分率降低33%~43%(US-287)和7%~19%(US-191)。

Potts, I. 与 D. W. Harwood 的研究发现,设置超车道的双车道公路年英里事故率比普通双车公路低12%~24%。

在德国与加拿大的一项关于超车道和加宽道路的对比分析表明,相比于因环境和建设费用而被否定的四车道公路而言,设置超车道的双车道公路是一个性价比较高的方案;相比于标准双车道公路,设置超车道的双车道公路其设计小时交通量增加530辆/小时(加拿大)和200辆/小时(德国);超车道使得Trans-Canada公路在车流量为540辆/小时,使某16 km段内延误时间减少7%,超车次数增加30%,某30 km段内延误时间减少6%,超车次数增加72%。

Ahmed和Zachary通过对Montana上两处附加车道设置点上游及下游的交通实测表明,附加车道下游10.5 km处的跟驰比例相比上游区仍降低30%,并认为超车道的影响长度可达16 km。

4. 双车道公路超车道设计要素研究

Woolridge等首先对Kansas和Minnesota的双车道公路进行现场试验,然后利用模型TWOPAS进行仿真分析,得出延误时间百分比随超车道长度的增加而下降,得出超车道的设置长度为1.3~3.2 km,设置间距为5.5~17.5 km。

在加拿大,根据不同省份对超车道设置的规定不同,其规定的超车道长度在1000~2000 m,最小值为800 m,设置间距为10~25 km,并且对合流区、分流区、车道宽度等进行相应的规定。

在韩国的关于双车道公路超车道合理长度的研究中,首先利用在双车道公路禁止超车段的实测数据对跟驰时间百分比和车流量进行回归分析,利用回归关系得出在TWOPAS仿真分析中的输入参数,对无附加车道与不同长度的附加车道模型进行分析,得出在交通量较大时,超车道长度至少需要2 km,且其在不同流量下的跟驰时间百分比降低了23%,对交通流的运行有较好的提升效益。

此外,Mutabazi和Russel等利用现场实测和计算机仿真对超车道的不同布置形式进行分析,表明两侧对接和两侧并列为最优的设置形式。

1.2.2 国内研究现状

1. 双车道公路线形安全研究

我国的交通运输业起步比发达国家要晚一些,随着我国道路交通安全形势的日益严峻,国内不少学者也先后开始研究双车道公路公路线形条件对交通安全的影响。

周荣贵对山区公路连续下坡路段的平均纵坡和坡长限制要求进行了研究。

张剑飞和范振宇等学者给出了二级公路直线路段(含大半径曲线)标准条件下小客车和大货车的运行车速值,建立了小半径曲线运行车速与半径的关系模型,并根据外业调查数据标定了模型参数,同时对运行车速应用于我国道路设计的设计方法进行了初步探讨。

朱敏清和张晓禾利用美国 NCHRP 的研究成果,分析了公路平曲线车速和横向加速度的关系,并结合道路线形连续性的观点,提出了适合我国的用曲线车速和横向加速度来控制曲线设计的方法。

高建平与郭忠印通过对车辆运行特征的实地观察和运行车速的现场观测,标定了车辆运行车速和加速度与公路线形之间的关系模型。

道路安全审计是许多国家在进行道路安全研究时必须的程序,它是对现有道路、规划道路、交通工程或与道路使用者有关的任何工程的一个正式的检查,为道路使用者以及受道路工程影响的其他人识别道路潜在的事故问题,以确保所采取的措施能根除或减少交通事故。澳大利亚、美国、加拿大等多个国家都在进行安全审计研究。冯桂炎主编的《公路设计交通安全审查手册》,详细列出了公路建设的规划、预开工、开工阶段、初步设计阶段、详细设计及施工图设计阶段各环节中需要检查的安全问题及鉴别、检查和处理这些问题的方式、方法和具体步骤,同时对公路设计交通安全审计的实施也做了详细介绍。

2. 双车道公路超车行为研究

周泽民、马超通过对双车公路的超车事故分析发现,当交通量较大时,如果驾驶人几次尝试超车失败后,情绪容易变得暴躁、冲动,使得他们在超车视距不良时也会选择冒险超车,从而造成交通事故。

张慧丽等人模拟了在超车视距不同的情况下双车道公路上的超车行为,获取了超车完成时刻该超车车辆与对向车道来车头车之间的"时间距离",并以此作为超车行为危险性的评价指标,基于此他们提出了 6 个危险等级,用来衡量设计速度不同的双车道公路在不同超车视距情况下的危险程度。

单晓峰等人对双车道公路上的超车行为进行了分析研究,提出了在双车道公路上进行超车时存在"两难区域",通过运动学分析,他们提出了"两难区域范围"的概念,并分别建立了"两难区域范围"和超车视距与双车道公路设计速度、下游车队的速度及下游车队的规模的关系模型,得出当下游车队车辆数超过 5 辆或设计速度达到 80 km/h 时则不建议进行超车的结论,并基于建立的关系模型提出了安全条件下对应不同的下游车队情况的安全车速和安全视距。

邵长桥等人对双车道公路的超车过程进行了研究,通过开展超车试验搜集了相关数据,建立了超车时驾驶人可以接受的同向交通流间隙的分布规律模型,并认为其符合二项 Logit 模型,通过对不同速度下的两种临界间隙(临界车头间距和临界车头时距)的计算分析,发现驾驶人对距离的敏感程度比对时间的敏感程度强。

朱秀娟利用 KMRTS 道路交通模拟系统进行了驾驶人超车行为模拟实验，得出了驾驶人得分与超车开始时刻超车车辆与被超车车辆之间的距离、超车结束时刻超车车辆与被超越车辆之间的距离以及超车结束时刻超车车辆与对向车辆之间的距离这三个影响因子之间的关系模型，并结合主观问卷调查提出了超车行为改善意见。

沈建武和严宝杰运用概率论等相关理论知识，建立了双车道公路"超车可能性"模型，即根据对向车道交通量的大小及视距条件确定双车道公路上可以进行超车的车辆数量和允许被超车的车辆数量。

3. 双车道公路设计要素研究

王润琪等人运用数学解析方法，提出了超车视距的计算公式，选择不同设计速度和行车速度，计算了小汽车和货车在双车道公路的超车视距，认为当被超车辆和对向车辆的速度小于超车速度一半时，通过理论计算得到的超车视距数值才和规定的数值相近，从安全角度来看，中国双车道公路超车视距规定值偏小。

刘江通过开展双车道公路驾驶人超车行为试验，得出了自己定义的"可回车车头时距"和"可超车车头时距"的临界间隙分别在 2.8 s 和 8 s 左右的结论。

潘晓东、吕明等分析了山区公路上坡路段交通事故的主要类型及形成原因，认为设置爬坡车道是减少上坡路段交通事故的有效途径，然后通过分析国内外爬坡车道设置相关方面的资料，提出了我国设置爬坡车道条件的相关建议。

关于超车道设计方法的研究，国内只是在较早的一篇文献中介绍了日本超车道的设计理念，并简要分析了超车道的设置最小长度与效益。

1.2.3 国内研究现状评述

在双车道公路线形安全研究方面，国内学者大都是在国外研究的基础上开展适合中国实际情况的研究。但由于受获取数据资料的局限性、分析结果的可靠性和实用性等原因的影响，我国在双车道公路线形和交通安全关系方面的研究与发达国家还存在一定差距。

国外关于双车道公路超车行为的研究成果具有借鉴价值，但是，由于我国驾驶人的驾驶行为特性与国外存在显著差别，所以并不能直接应用。而且，对于双车道公路超车行为的安全性如何进行定量评价国外也缺少相应研究。其次，关于双车道公路超车道设置的研究充分说明了设置超车道对保障行车安全的作用，而本书所要研究的附加车道与国外研究的超车道十分相似，只是附加车道供慢速车辆使用，而快速车辆则通过原车道进行超车，所以，附加车道的作用与超车道相同，可见附加车道设置的安全效益与超车道一样。但是国外的研究仅限于设置超车道的安全效益，并未对其设置条件展开深入研究。而对于我国的双车道公路在何种情况下设置附加车道，更迫切需要开展基础理论研究。

目前针对我国的双车道公路附加车道设置的研究还处于空白，本书通过对我国双车道公路驾驶人超车行为进行安全性评价，研究我国双车道公路附加车道的设置条件，在效益评估的基础上开展双车道公路附加车道设置间距与几何设计指标研究，为公路规划、设计、建设与管理部门提供规划设计依据与决策参考，以降低双车道公路超车的危险性，提高其行驶安全性。

1.3 本书的主要内容

1.3.1 双车道公路线形与交通特征

1. 双车道公路线形特征

介绍双车道公路等级、设计速度及平面、纵断面、横断面设计指标。

2. 双车道公路通行能力

介绍双车道公路的基本通行能力、服务水平分级及设计通行能力。

3. 双车公路交通运行特征

介绍双车道公路的交通组成特征、车辆行驶特征与交通冲突特征。

4. 双车道公路事故特征

介绍双车道公路事故形态特征、事故多发地点分布特征、事故成因特征。

1.3.2 双车道公路线形要素与行车安全

1. 平面线形要素

介绍双车道直线长度、平曲线半径、平曲线邻接段线形、曲率变化率、平曲线设置频率、平曲线转角、行车视距与行车安全的关系。

2. 纵断面线形要素

介绍双车道公路纵坡坡度、纵坡坡长、竖曲线形式与半径对行车安全的影响。

3. 平纵线形组合

介绍双车道公路平曲线与竖曲线的适宜组合、应避免的组合及易使驾驶人产生错觉的双车道公路平纵线形组合。

4. 横断面设计要素

介绍双车道公路路面与路肩宽度对行车安全的影响。

1.3.3 双车道公路线形连续性与行车安全

1. 设计速度与运行速度

对比介绍双车道公路设计速度与运行速度的差别，总结以运行速度概念为基础进行道路线形设计的优点。

2. 线形连续性评价标准

从设计速度降低值、平均客车运行速度变化值、货车的平均速度和客车的平均速度差值、曲率变化率、相邻路段运行速度差等方面，总结已有的公路线形连续性评价标准。

3. 运行速度计算方法

介绍双车道公路运行速度分析路段的划分方法、运行速度的计算模型，并进行实例分析与验证。

1.3.4 双车道公路超车行为安全评价

1. 交通冲突与模糊评价

介绍双车道公路超车过程中的交通冲突现象，明确交通冲突时间的概念，分析交通冲突严重程度的模糊特征。

2. 试验方案与数据分析

确定双车道公路超车试验试验所需采集的样本量并设计试验方案，对试验数据进行统计和分析。

3. 超车安全评价方法

基于模糊数学理论，采用指派法建立交通冲突的隶属度函数；基于德尔菲法，提出基于冲突时间的双车道公路超车安全评价方法。

1.3.5 双车道公路附加车道设置条件

1. 交通量条件

构建交通冲突时间与设计速度和交通量的关系模型，应用双车道公路超车安全评价方法，确定对应不同设计速度和不同安全等级的设置附加车道的交通量条件。

2. 横断面条件

分析双车道公路可以进行超车的单侧路面宽度，给出双车道公路不需设置附加车道的单侧道路富裕宽度临界值。

3. 平面线形条件

从圆曲线内侧设置附加车道后保证大型车舒适度的角度出发，研究给出双车道公路内侧设置附加车道的最小圆曲线半径条件。

4. 纵断面线形条件

从汽车行驶安全角度出发，研究给出双车道公路设置附加车道的最大下坡坡度条件。

1.3.6 双车道公路附加车道效益评估与设置间距

1. 基础资料调查

采用资料调研和问卷调查方法，分别获取双车道公路交通事故的实际资源损失和伤亡损失及双车道公路附加车道的建设和运营成本。

2. 交通安全改善效益计算方法

采用总产量法估算交通事故的资源损失和伤亡损失，进而构建设置附加车道的双车道公路交通安全改善效益计算模型。

3. 运行效率提升效益计算方法

对双车道公路附加车道设置前后交通运行状态进行分析，通过对双车道公路建设附加车道后节约的时间及平均挽回的货运和客运损失运算，构建了双车道公路附加车道交通运行效率提升效益计算模型。

4. 净效益计算方法与模型参数标定

在建立双车道公路建设成本和养护费用计算模型的基础上，构建设置附加车道的双车道公路净效益计算模型。

5. 附加车道设置间距计算

以净效益大于零为目标函数，通过研究双车道公路交通量、线形、地形及成本作为约束条件，运用运筹学原理研究给出对应不同交通量及地形条件的双车道公路附加车道合理设置间距计算方法。

1.3.7 双车道公路附加车道几何设计指标

1. 附加车道长度

基于交通仿真数据，建立双车道公路附加车道长度与交通量、运行车速关系模型，研究给出不同设计速度与地形条件下双车道公路附加车道长度的推荐值。

2. 附加车道宽度

基于车辆行驶安全和驾驶人舒适性考虑，给出双车道公路附加车道宽度的计算模型，并计算出不同设计速度下附加车道宽度推荐值。

3. 附加车道纵坡

基于汽车行驶特征，以汽车安全行驶为目标，建立双车道公路附加车道纵坡坡度计算模型，并给出不同设计速度下附加车道最大上坡坡度推荐值。

第 2 章

双车道公路线形与交通特征

本章主要介绍双车道公路线形特征（公路等级，设计速度，平、纵、横设计指标），双车道公路的基本通行能力、服务水平分级及设计通行能力，双车道公路的交通组成特征、车辆行驶特征与交通冲突特征，以及双车道公路事故形态特征、事故多发地点分布特征与事故成因特征。

2.1 双车道公路线形特征

2.1.1 公路等级与设计速度

1. 公路等级

《公路工程技术标准》（JTG B01—2014）对公路等级进行了划分，双车道公路涵盖的公路等级包括二级公路、三级公路和四级公路。

二级公路为供汽车行驶的双车道公路，应能适应将各种汽车折合成小客车的年平均日交通量 5000～15000 辆。

三级公路为主要供汽车行驶的双车道公路，应能适应将各种汽车折合成小客车的年平均日交通量 2000～6000 辆。

四级公路为主要供汽车行驶的双车道或单车道公路，双车道四级公路应能适应将各种车辆折合成小客车的年平均日交通量 2000 辆以下；单车道四级公路应能适应将各种车辆折合成小客车的年平均日交通量 400 辆以下。

考虑到四级公路主要作为支线公路，交通量较小，双车道公路所占比例也较少，故本书中的双车道公路仅包括二级公路和三级公路。我国各级公路的比例如图 2.1 所示。

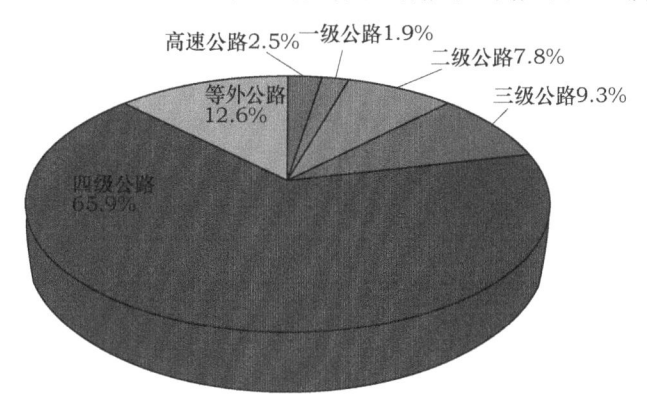

图 2.1 截至 2014 年年底全国公路里程构成

截至 2014 年年底，全国公路总里程达到 446.4 万千米，其中高速公路 11.19 万千米、一级公路 8.54 万千米、二级公路 34.84 万千米、三级公路 41.42 万千米、四级公路 294.10 万千米、等外公路 56.31 万千米。二、三级公路里程比例达 17.1%，远高于高速公路的比例 2.5% 和一级公路的比例 1.9%。

2. 设计速度

根据《公路工程技术标准》（JTG B01—2014），二、三级公路设计速度如表 2.1 所示。二级公路作为干线公路时，设计速度宜采用 80 km/h；作为集散公路时，混合交通量较大平面交叉间距较小的路段设计速度宜采用 60 km/h；位于地形地质等自然条件复杂的山区，经论证该路段的设计速度可采用 40 km/h。

本书在计算双车道公路附加车道交通运行效率提升效益时，自由流速度按表 2.1 中的设计速度取值。

表 2.1　双车道公路设计速度

公路等级	二级公路		三级公路	
设计速度（km/h）	80	60	40	30

2.1.2　平面线形设计指标

1. 圆曲线最小半径

当圆曲线半径较小时，由于受离心力的作用，行车条件将变差，为保证行车安全和达到一定的舒适水平，势必要降低行车速度，这种情况在设计中是应避免的。因此，应对圆曲线的最小半径加以限制。《公路工程技术标准》（JTG B01—2014）将圆曲线最小半径分为三类：圆曲线最小半径极限值、圆曲线最小半径一般值和不设超高圆曲线最小半径，双车道公路圆曲线最小半径规定如表 2.2 所示。

表 2.2　双车道公路圆曲线最小半径

设计速度/（km/h）		80	60	40	30
一般值/m		400	200	100	65
极限值/m		250	125	60	30
不设超高最小半径/m	路拱≤2%	2500	1500	600	350
	路拱>2%	3350	1900	800	450

2. 缓和曲线长度

缓和曲线必须具有足够的长度，以避免离心加速度增长过快和司机转动方向盘过急，双车道公路缓和曲线最小长度规定如表 2.3 所示。

表 2.3　双车道公路缓和曲线最小长度

设计速度/(km/h)	80	60	40	30
缓和曲线最小长度/m	70	50	35	25

3. 平曲线长度

公路平曲线长度除应满足具有设置回旋线或超高、加宽过渡段的需要外，还应保留一段圆曲线，以保证汽车行驶状态的平稳过渡。平曲线最小长度不应小于 2 倍缓和曲线长，这实际上是一种极限状态，驾驶人会感到操作突变且视觉不舒顺。因此，最小平曲线长度理论上至少应不小于 3 倍回旋线最小长度，即保证设置最小长度的回旋线后，仍保留一段相同长度的圆曲线。由圆曲线和缓和曲线组成的平曲线，其平曲线长度应不短于 9 s 的行驶距离，平曲线内圆曲线的长度一般不短于车辆在 3 s 内的行驶距离；由缓和曲线组成的平曲线，要求其长度不短于 6 s 的行驶距离。

《公路路线设计规范》（JTG D20—2006）规定的双车道公路平曲线最小长度一般值为最小值的 5 倍，见表 2.4。平曲线长度应大于表 2.3 中规定的一般值，当地形条件及其他特殊情况限制时，可采用表中的最小值。

表 2.4　　　　　　　　　　　双车道公路平曲线最小长度

设计速度/(km/h)	80	60	40	30
一般值/m	700	500	350	250
最小值/m	140	100	70	50

4. 行车视距

为保证行车安全，驾驶人应能随时看到汽车前面足够远的一段距离，当前方有障碍物或对向来车时，能及时采取措施，避免相撞，这一必需的最短距离称为行车视距。行车视距分为三类：停车视距、会车视距和超车视距。

双车道公路按相向的两辆汽车会车同时制动停车的视距考虑，所以会车视距应不小于停车视距的 2 倍。当受地形限制，无法保证会车视距时，允许采用停车视距，但该路段应采取画线等措施实施分道行驶。

此外，对于双车道公路，除必须保证会车视距的要求外，还应考虑超车视距的要求。在双车道公路上，后车超越前车过程中，从开始驶离原车道之处起，至可见对向来车并能超车后安全驶回原车道所需的最短距离，称为超车视距。

双车道公路公路的停车视距、会车视距与超车视距应符合表 2.5 中的规定。

表 2.5　　　　　　　　双车道公路的停车视距、会车视距和超车视距

设计速度/(km/h)	80	60	40	30
停车视距/m	110	75	40	30
会车视距/m	220	150	80	60
超车视距/m	550	350	200	150

2.1.3　纵断面线形设计指标

1. 最大纵坡

最大纵坡是指在纵坡设计时各等级公路允许采用的最大坡度值，是纵面线形设计的一项重要指标，最大纵坡的大小将直接影响路线的长短、使用质量、行车安全及运营成本和工程经济性。

各级公路的最大纵坡主要考虑载重汽车的爬坡性能和公路通行能力。研究表明，随着纵坡增大，每提高速度 1 km/h 的油耗和每增加 1 t 货物的油耗将急剧增加，特别是纵坡坡度大于 7% 时尤其突出。考虑到我国交通组成中的货车在较长时间内仍将以载重汽车为主体，所以当汽车交通量较大时，各级公路应尽量采用较小的纵坡，最大纵坡应慎用。《公路工程技术标准》（JTG B01—2014）规定的双车道公路最大纵坡如表 2.6 所示。设计速度为 40 km/h、30 km/h 的双车道公路利用原有公路的路段，经技术经济论证，最大纵坡可增加 1%。

表 2.6　　　　　　　　　　　双车道公路最大纵坡

设计速度/(km/h)	80	60	40	30
最大坡度/%	5	6	7	8

在高原地区，随着海拔高度的增加，大气压力、空气温度和密度都逐渐减小。空气密度的减小，使汽车发动机的正常操作状态受到影响，从而使汽车的动力性能受到影响。另外，空气

密度变小，散热能力也降低，发动机易过热。经常持久使用低挡，特别容易使发动机过热，并使汽车水箱中的水沸腾而破坏冷却系统。根据试验与分析，当海拔高度超过 3000 m 时，应考虑对纵坡予以折减。因此规范规定：设计速度小于等于 80 km/h、位于海拔 3000 m 以上高原地区的公路，最大纵坡应按表 2.7 的规定予以折减。最大纵坡折减后若小于 4%，则仍采用 4%。

表 2.7　　　　　　　　　　　双车道公路高原纵坡折减值

海拔高度/m	3000～4000	4000～5000	5000 以上
纵坡折减/%	1	2	3

2. 平均纵坡

平均纵坡是指在一定长度路段内，连续上坡或连续下坡路段纵向所克服的高差值与该路段的距离之比。它是衡量线形设计质量的一个限制性指标，目的是为了保证车辆安全行驶。公路纵断面设计即使完全符合最大纵坡、坡长限制及缓和坡段的规定，也还不能保证使用质量。不少路段由于平均纵坡较大，上坡持续使用低速挡，导致车辆水箱开锅；下坡则因刹车过热、失效而导致交通事故发生。因此，有必要控制平均纵坡。

双车道公路越岭路线连续上坡或下坡路段，相对高差为 200～500 m 时，平均纵坡不应大于 5.5%；相对高差大于 500 m 时平均纵坡不应大于 5%，且任意连续 3 km 路段的平均纵坡不应大于 5.5%。

3. 合成坡度

道路弯道超高横坡度与道路纵向坡度所组成的矢量和，称为合成坡度，将合成坡度限制在某一范围之内的目的是尽可能避免陡坡与急弯的组合而对行车产生不利影响，现行《公路路线设计规范》（JTG D20—2006）规定的双车道公路最大合成坡度如表 2.8 所示。

当陡坡与小半径圆曲线相重叠时，宜采用较小的合成坡度，特别是下列情况，其合成坡度必须小于 8%：

1) 冬季路面有积雪、结冰的地区；
2) 自然横坡较陡峻的傍山路段；
3) 非汽车交通量较大的路段。

表 2.8　　　　　　　　　　　双车道公路的最大合成坡度值

设计速度/(km/h)	80	60	40	30
合成坡度值/%	9.0	9.5	10.0	10.0

此外，合成坡度关系到路面排水。合成坡度过小则排水不畅，路面积水易使汽车滑移，前方车辆溅水造成的水幕也会影响通视，使行车中易发生事故。为此，应保证路面有不小于 0.5% 的合成坡度，当合成坡度小于 0.5% 时，应采取综合排水措施，保证路面排水通畅。

4. 最大坡长

坡长是指变坡点间的水平直线距离。载重汽车在纵坡上行驶时存在一个稳定车速，与之相对应的有一个稳定坡长。从运行质量看，纵坡长度不宜超过稳定坡长，而稳定坡长的长短则取决于车辆动力性能、驶入坡道的行车速度和坡顶要求达到的速度。车辆动力性能越好，上坡道起始速度越高，坡顶要求速度越低，则稳定坡长就越长。根据不同等级公路上实际观测到的载重汽车运行速度，将 85% 位载重汽车车速作为起始速度，15% 位载重汽车车速作为坡顶速度，结合减速冲坡的坡长与车辆运行速度变化的关系，并考虑车辆实际上坡行驶时车速要比冲坡试验时略小的调查结果和汽车工业发展的需要，《公路工程技术标准》(JTG B01—2014)给出了双车道公路不同纵坡最大坡长的规定值，如表2.9所示。当连续上坡路段由几个不同陡坡段组成时（即组合坡长），为判断坡长是否符合规定，一般可采用按比例折算纵坡坡长的方法进行计算。

表2.9　　　　　　　　　双车道公路不同纵坡最大坡长限制　　　　　　　　　单位：m

设计速度/(km/h)		80	60	40	30
纵坡坡度/%	3	1100	1200	—	—
	4	900	1000	1100	1100
	5	700	800	900	900
	6	500	600	700	700
	7	—	—	500	500
	8	—	—	300	300
	9	—	—	—	200
	10	—	—	—	—

5. 最小坡长

若坡长太短，则变坡点过多，道路纵向起伏变化频繁，会使车辆行驶反复颠簸，从而影响行车的平顺性和安全性，且路容也不美观；此外，坡长过短会导致相邻变坡点之间不能设置相邻两竖曲线的切线长。因此，应对最小坡长加以限制。《公路路线设计规范》(JTG D20—2006)规定的双车道公路最小坡长如表2.10所示。

表2.10　　　　　　　　　　双车道公路最小坡长值

设计速度/(km/h)	80	60	40	30
最小坡长/m	200	150	120	100

6. 竖曲线最小半径与长度

竖曲线最小半径分为一般值和极限值。极限值是汽车在纵坡变更处行驶时，为了缓和冲击和保证视距所需的最小半径计算值，该值在受地形等特殊情况约束时方可采用；一般值是极限值的1.5~2.0倍。《公路路线设计规范》(JTG D20—2006)规定的竖曲线最小半径及其最小长度如表2.11所示。

表2.11　　　　　　　双车道公路竖曲线最小半径和最小长度

设计速度/(km/h)		80	60	40	30
凸形竖曲线最小半径/m	一般值	4500	2000	700	400
	极限值	3000	1400	450	250
凹形竖曲线最小半径/m	一般值	3000	1500	700	400
	极限值	2000	1000	450	250
竖曲线最小长度/m	一般值	170	120	90	60
	极限值	70	50	35	25

2.1.4　横断面设计指标

二级公路路基的标准横断面应由车道、路肩（右侧硬路肩、土路肩）组成；三级公路的标准横断面应由车道、土路肩等部分组成。在穿越城镇路段,路基标准横断面应包括根据需要设置的侧分隔带、非机动车道和人行道部分。

1. 车道宽度

车道宽度应根据设计速度确定,《公路工程技术标准》(JTG B01—2014)中对双车道公路车道宽度的规定如表2.12所示。设置慢车道的二级公路,车道宽度应采用3.5 m;对于需要设置非机动车道和人行道的公路,非机动车道和人行道等的宽度视实际情况而定。

表2.12 双车道公路车道宽度

设计速度/(km/h)	80	60	40	30
车道宽度/m	3.75	3.50	3.50	3.25

2. 路肩宽度

路肩由土路肩和硬路肩组成,其作用有以下四点。

1) 由于路肩紧靠在路面的两侧设置,具有保护路面及支撑路面结构的作用。

2) 供发生故障的车辆临时停车之用,有利于防止交通事故和交通紊乱。

3) 充足的宽度和稳定的路肩能给驾驶人以开阔、安全感,有助于增进行车舒适性和避免驾驶紧张,提高公路的通行能力。

4) 为公路的其他设施(如护栏、绿化、电杆、地下管线等)提供设置的场地(设施的设置不得侵入建筑限界以内),也可供养护人员养护操作及避车之用。

双车道公路右侧路肩宽度规定如表2.13所示,表中的一般值为正常情况下的采用值,最小值为条件受限制时可采用的值。二级公路的硬路肩可供非汽车交通使用,非汽车交通量较大的路段,亦可采用全铺(在路基全部宽度内都铺筑路面)的方式,以充分利用。在双车道公路路肩上设置的标志、防护设施等不得侵入公路建筑限界,否则应加宽路肩。

表2.13 双车道公路路肩宽度

设计速度/(km/h)		80	60	40	30
硬路肩宽度/m	一般值	1.50	0.75	—	—
	最小值	0.75	0.25	—	—
土路肩宽度/m	一般值	0.75	0.75	0.75	0.50
	最小值	0.50	0.50		

2.2 双车道公路通行能力

2.2.1 基本通行能力

基本通行能力也称理论通行能力,是指道路组成部分在理想的道路、交通、管制及环境条件下,该组成部分一条车道或均匀路段,不考虑规定运行条件,一小时所能通过标准车的最大车辆数。

双车道公路路段基本通行能力取值见表2.14。

表 2.14　　　　　　　　　双车道公路路段基本通行能力

设计速度/(km/h)	基本通行能力/(pcu/h)
80	2800
60	2500
40	2400

2.2.2　实际通行能力

实际通行能力也称可能通行能力，是指已知道路组成部分在实际或预计的道路、交通、管制及环境条件下，该组成部分一条车道或均匀路段，不考虑规定运行条件，一小时所能通过标准车的最大车辆数。

双车道公路路段实际通行能力可按公式（2.1）计算。

$$C_p = C_B \times f_{HV} \times f_w \times f_d \times f_f \tag{2.1}$$

式中　C_p——双车道公路路段实际通行能力，pcu/h；
　　　C_B——双车道公路路段基本通行能力，pcu/h；
　　　f_{HV}——交通组成修正系数，按照公式（2.2）计算；
　　　f_w——车道宽度、路肩宽度修正系数，参照表 2.15 选取；
　　　f_d——方向分布修正系数，参照表 2.16 选取；
　　　f_f——路侧干扰修正系数，参照表 2.17 选取。

$$f_{HV} = \frac{1}{1 + \sum_i P_i (PEC_i - 1)} \tag{2.2}$$

式中　P_i——第 i 种车型交通量占总交通量的百分比；
　　　PCE_i——第 i 种车型折算系数，应根据交通量与实际行驶速度在表 2.18 中选取。

表 2.15　　　　　双车道公路通行能力车道宽度、路肩宽度修正系数

路肩宽度/m	0	0.5	1.0	1.5	2.5	3.5	≥4.5
车道宽度/m	3.0	3.25	3.5	3.75			
修正系数 f_w	0.52	0.56	0.84	1.00	1.16	1.32	1.48

表 2.16　　　　　　　双车道公路通行能力方向分布修正系数

交通量分布	50/50	55/45	60/40	65/35	70/30
f_d	1.00	0.97	0.94	0.91	0.88

表 2.17　　　　　　　双车道公路通行能力路侧干扰修正系数

路侧干扰等级	1	2	3	4	5
修正系数 f_f	0.95	0.85	0.75	0.65	0.55

表 2.18　　　　　　　　　双车道公路路段车辆折算系数

车型	交通量（veh/h）	设计速度/(km/h)		
		80	60	40
中型车	≤400	2.0	2.0	2.5
	400～900	2.0	2.5	3.0
	900～1400	2.0	2.5	3.0
	≥1400	2.0	2.0	2.5
大型车	≤400	2.5	2.5	3.0
	400～900	2.5	3.0	4.0
	900～1400	3.0	3.5	4.0
	≥1400	2.5	3.5	3.5
拖挂车	≤400	2.5	2.5	3.0
	400～900	3.0	3.5	5.0
	900～1400	4.0	5.0	6.0
	≥1400	3.5	4.5	5.5
拖拉机	≤400	3.0	3.0	5.0
	400～900	3.5	4.0	7.0
	900～1400	4.5	6.0	8.0
	≥1400	4.0	5.0	7.0

2.2.3　设计通行能力

设计通行能力是指设计道路组成部分在预计的道路、交通、管制及环境条件下，该组成部分一条车道或均匀路段，在规定运行条件下，一小时所能通过标准车的最大车辆数。

在计算得到实际通行能力的基础上，实际或预测及设计条件下双车道公路路段的设计通行能力可按公式（2.3）计算。

$$C_D = C_P \times (V/C) \qquad (2.3)$$

式中　C_D——双车道公路路段设计通行能力，pcu/h；

$(V/C)_i$——双车道公路路段设计服务水平下对应的饱和度阈值。

选择衡量服务水平的主要指标，应根据不同形式道路车辆运行规律的差异，采取不同的指标。通常双车道公路车辆不成队列行驶，快、慢车在同一车道混合行驶，必须占用对向车道才能完成超车行为，由此造成的被动延误较大，故采用延误率作为服务水平分级的主要指标，以速度和饱和度作为辅助分级指标，这样可以大大降低人为因素的影响，保证评价指标的客观性。

延误率的定义为车头时距小于或等于 5 s 的车辆数占总交通量的百分比。《公路工程数标准》（JTG B01—2014）给出的双车道公路服务水平划分标准如表 2.19 所示，二、三级公路设计服务水平为四级。

表 2.19　　　　　　　　双车道公路路段服务水平划分标准

服务水平等级	延误率/%	设计速度（km/h）									
		80				60				≤40			
		实际行驶速度/(km/h)	V/C			实际行驶速度/(km/h)	V/C			实际行驶速度/(km/h)	V/C		
			不准超车区/%				不准超车区/%				不准超车区/%		
			<30	30~70	≥70		<30	30~70	≥70		<30	30~70	≥70
一	≤35	≥76	0.15	0.13	0.12	≥58	0.15	0.13	0.11		0.14	0.12	0.10
二	≤50	≥72	0.27	0.24	0.22	≥56	0.26	0.22	0.20		0.25	0.19	0.15
三	≤65	≥67	0.40	0.34	0.31	≥54	0.38	0.32	0.28		0.37	0.25	0.20
四	≤80	≥58	0.64	0.60	0.57	≥48	0.58	0.48	0.43		0.54	0.42	0.35
五	≤90	≥48	1.00	1.00	1.00	≥40	1.00	1.00	1.00		1.00	1.00	1.00
六	>90	<48	—	—	—	<40	—	—	—		—	—	—

2.3　双车道公路交通运行特征

2.3.1　交通组成特征

和高等级公路公路相比较，双车道公路交通组成具有以下明显特征。

1. 车型繁多

双车道公路供各种不同的机动车辆行驶，且其间混有非机动车。由于不同车辆的动力性能存在差异，小汽车、货车、拖拉机等车辆的运行会相互干扰，此外路侧非机动车辆、行人等对车辆的运行会产生侧向干扰，这是大部分双车道公路上混合交通的主要特点。

2. 快、慢车速度差异明显

受车型种类和车辆动力性能差异的影响，快速车辆的运行显然受制于慢速车辆，而双车道公路上特殊路段的道路条件，如大纵坡、小半径曲线等更是加剧了不同车辆之间的运行速度差异。

2.3.2　车辆行驶特征

汽车在双车道公路上行驶，由于道路、交通、环境等因素的影响，汽车运行状态大体上可分为以下四种情况。

1. 自由行驶

车辆行驶不受到同向车辆或者对向车辆的影响，以驾驶人期望车速运行。驾驶人期望车速受道路条件的限制，比如道路的平纵线形、车道宽度，侧向净空、路面平整和粗糙度等。

2. 跟车

当快速车辆接近慢速车辆时，在对向交通不具备超车条件时，快速车辆将被迫跟随慢速车辆。后车与前车之间的理想车头时距取决于车辆的运行速度，当后车具有超车意向时，其对应的车头时距将减小。多个快速车辆可能同时跟随同一慢速车辆。

3. 超车

在公路几何线形允许超车的路段，若同向车道具备超车后返回的交通条件，且对向车道无来车阻断超车，则快速车辆可选择超越前车。快速车辆在超车过程中的运行速度大于其自由行驶时的车速。根据超车成功与否可将快速车辆驶回车道的形式分为超车未成功强制返回和超车成功后返回。多辆快速车辆同时超车所需的超车距离大于单车超车的情况。

4. 合流

合流时的车辆间距，根据不同的道路和交通条件变化范围很大，最小的安全车辆间距为后车车辆制动时不与前车发生碰撞时的间距。合流过程同时受对向和同向车辆的影响，根据超车成功与否可将合流分为超车完成合流和超车未完成合流。超车完成合流一般为快速车辆顺利借道超车后返回同向车道，到达所有被超慢速车辆之前；超车未完成合流为快速车辆并未完全超越慢速车辆而又被迫返回同向车道的合流过程。

2.3.3 交通延误特征

在双车道公路上行驶的车辆因为被动排队行驶而增加了运行时间。此外，超车行为也会造成延误。如果超车视距不足，即使车辆已经行至对向车道，也可能会因为对向来车而中途放弃超车，被迫回到原来车道上被动跟驰行驶，从而造成延误。尽管延误率是一个非常有效的指标，但是野外数据的采集非常困难。以现有的观测手段，求算延误时间只能通过对车牌号的方法，但该观测法需要耗费大量的时间和人力，效率较低。因此，有必要寻找一个替代指标。

根据车辆跟驰分析研究，并参照美国道路通行能力手册，将延误车头时距上限定为 5 s，即车头时距在 5 s 以内都有延误。取统计时间间隔为 5 min，将 5 min 内的混合车流用车辆折算系数换算为纯小客车流，然后计算延误百分率。图 2.2 为实测数据经过上述步骤处理后得到的延误百分率与流量关系散点效果图。

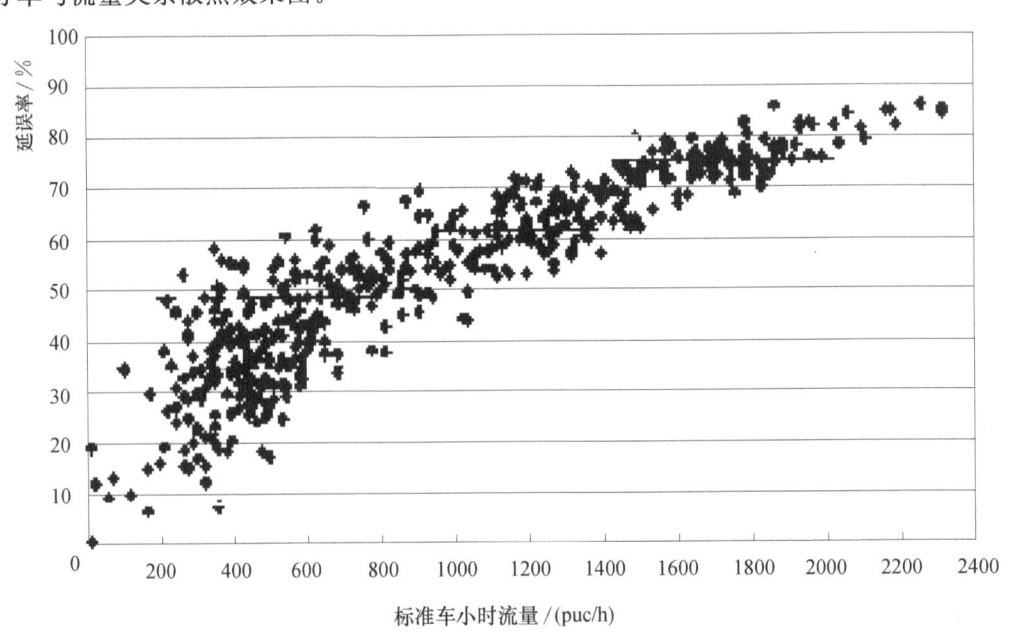

图 2.2 延误率-流量散点关系

从散点图上看，随着流量的增大，延误率也在增大，并呈二次抛物线形状，但与抛物线形状不同之处在于延误率并不是增长到一定程度下降，而是趋近于通行能力点对应的延误百分率值，其模型与函数 $Y=X/(X+C)$ 比较相似。当流量超过通行能力以后，小时流率不再增大，而延误率继续增大。因此，应对该模型进行修正，并建立如下模型

$$DR = \frac{V^c}{V^c + b} \tag{2.4}$$

式中　DR——延误率，%；
　　　V——小时流量，pcu/h；
　　　b——回归系数；
　　　c——指数。

交通流数据的离散性较大，只有统计特性才能够较好地描述交通流特性，采用最小二乘法计算流量和延误数据拟合曲线的参数。用相关系数可以说明回归效果显著与否。

为了减少随机延误，对流量按 10 辆汇总统计，得到一组流率和延误数据，将流量和延误原始数据代入公式（2.4），应用统计分析软件 SPSS 回归分析后，得到各模型参数标定值：指数 $c=1.0099$，回归系数 $b=1622.78$，相关系数 $R=0.9503$。计算结果表明回归拟合效果显著，所选择的模型是合理有效的。为了使用上较方便，将模型参数简化为：$c=1.1$，$b=1622$。最后模型如下

$$DR = \frac{V^{1.1}}{V^{1.1} + 1622} \tag{2.5}$$

图 2.3 为汇总数据的散点拟合回归曲线。图 2.3 及公式（2.5）综合反映了延误与流量之间的关系，即延误随流量的增加而增大。例如，当流量 V 为 500 veh/(h·ln) 时，由公式（2.5）可算得延误率 DR 为 36%；当流量 V 为 1000 veh/(h·ln) 时，DR 为 55%；当流量 V 为 1500 veh/(h·ln) 时，DR 为 66%。与流量相比，延误率更能直观地反映道路提供的服务质量，更容易为驾驶人感受到并做出相应的判断和驾驶操作。

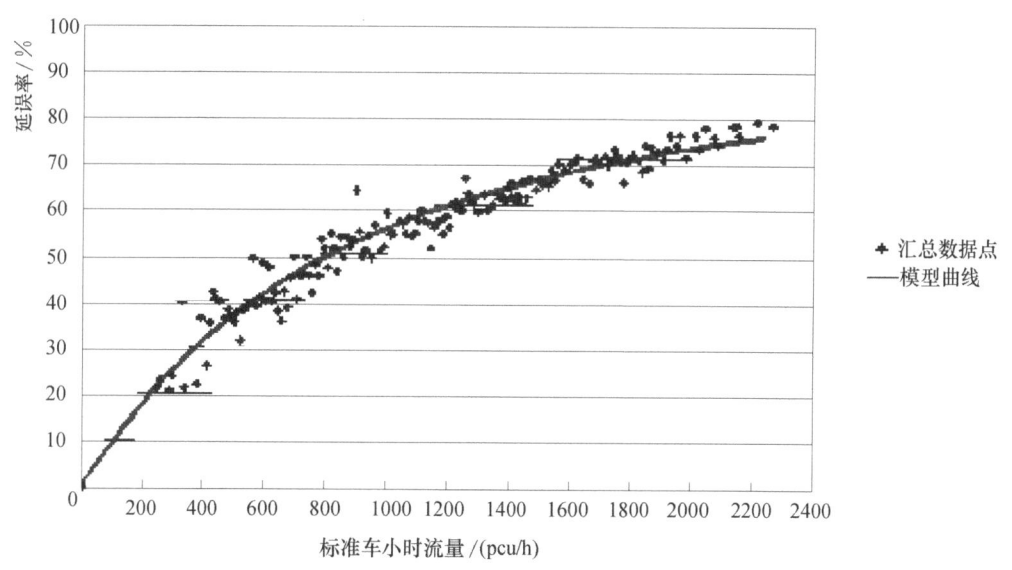

图 2.3　延误率-流量散点拟合曲线

由于双车道公路中超车行为必须在对向车道上完成，且公路中运行的机动车性能差别显著，因此，从实际观测数据可以发现：速度是反映交通流变化较敏感的一个参数，随着流量的增加，交通流速度明显减小，其速度-流量曲线呈现下凹趋势，这一点明显区别于其他类型公路的速度-流量曲线。

2.3.4 交通冲突特征

1. 交通冲突的概念

1997 年，在首次国际交通冲突的年会上正式提出了交通冲突这一标准概念，交通冲突即为两个相对运动物体在时间和空间上无限逼近的变化趋势，这一时空关系可用距离、时间和速度等参数描述。严重的交通冲突将直接引发交通事故，而较轻微的交通冲突可通过正确的操作成功消除事故风险。

2. 双车道公路交通冲突的产生

双车道公路上快速车辆的驾驶人一般通过以下几个过程实现超车。

1）超车需求的产生。即前方车辆行驶速度低于跟驰车辆驾驶人的期望速度，致使跟驰车辆的驾驶人被动跟驰。

2）变道超车过程。即跟驰车辆驾驶人产生超车需求后，根据交通状况，利用对向车道的车辆间隙，加速变道并超过前方车辆。

3）变道返回本向车道。在超越前车后，超车车辆驾驶人利用本向车道的车流间隙，加速汇入本向车道行驶的过程。

驾驶人在双车道公路进行超车时，主要存在两种交通冲突：一是超车车辆在变道超车过程中，由于对向车道车辆的行驶速度、车距等因素判断失误，致使超车车辆在对向车道上与对向车辆发生交通冲突；二是在对向车道超越前车后，加速驶回本向车道过程中，由于本向车道车流间隙不足导致的超车车辆与本向车道车辆产生的交通冲突。严重的交通冲突，将不可避免地产生交通事故，因此双车道公路超车过程中，存在以上两种潜在的交通事故风险。考虑到上述第二种交通冲突的产生主要是由交通量过大引起，应通过公路扩建来提高服务水平，超出本书研究范围，因此，本书仅针对上述第一种情况开展研究，即交通量未达到扩建公路所需要的数量级，而又有一定超车需求。

2.4 双车道公路事故特征

2.4.1 事故数量与伤亡人数

表 2.20 是我国 2013 年各级公路交通事故的统计结果。从表中可以看出，二、三级公路发生交通事故的概率和伤亡率最高。2014 年，我国二、三级公路的通车里程占公路总里程的比例仅为 17.1%，而二、三级公路 2013 年交通事故数量、死亡人数和受伤人数所占比例却分别达到了 52.1%、50.8% 和 52.0%，如表 2.20 所示。历年的统计结果亦显示出同样的变化趋势。因此可以认为，二、三级公路是交通事故的重点防范对象，即双车道公路的交通安全研究意义重大。

表 2.20　我国 2013 年各级公路交通事故统计结果

公路等级	事故数量与比例 数量/次	事故数量与比例 比例/%	事故死亡人数与比例 人数/人	事故死亡人数与比例 比例/%	事故受伤人数与比例 人数/人	事故受伤人数与比例 比例/%
高速公路	8693	7.61	5843	14.03	11169	8.85
一级公路	18198	15.92	6352	15.25	18518	14.68
二级公路	36556	31.99	13642	32.76	39803	31.55
三级公路	22936	20.07	7499	18.01	25845	20.49
四级公路	15956	13.96	5006	12.02	17736	14.06
等外公路	11948	10.45	3299	7.92	13092	10.38
合计	114287	100.00	41641	100.00	126163	100.00

2.4.2　事故形态特征

1. 坡道事故形态

1）车辆在陡坡路段下坡行驶时，驾驶人为节油常采取熄火滑行的操作方法，一旦遇到紧急情况来不及采取应急措施，使得汽车失控驶出路面，或者与上坡超车车辆正面相撞；

2）车辆下长坡时，由于重力作用使得行驶速度过高，制动非安全区过长，撞及其他车辆和行人的可能性增大。同时，汽车长时间连续下坡行驶时，频繁使用制动器，容易使制动鼓持续处于高温状态，致使制动产生热衰减，遇有紧急情况不能及时停车，从而引发事故。

3）车辆在绕过路边停车时与对面来车相撞；或者上坡过程超越货车时，由于货车遮挡视线而与对面来车相撞。

2. 翻车事故数量与死亡率高

如图 2.4 所示，通过对哈大双车道公路（G301）交通事故形态分布的统计分析，发现有半数以上的事故形态为翻车。分析其原因，主要是因为哈大双车道公路为二级公路，交通量较大，超车、会车频率都很高，超车和会车时稍有不慎，便可能因措施不当等原因导致车辆驶出路外并翻车。图 2.5 为辽宁省公路翻车事故的死亡率与全部事故平均死亡率的对比关系，可以看出，翻车事故所造成的死亡率要高于公路交通事故的平均死亡率。

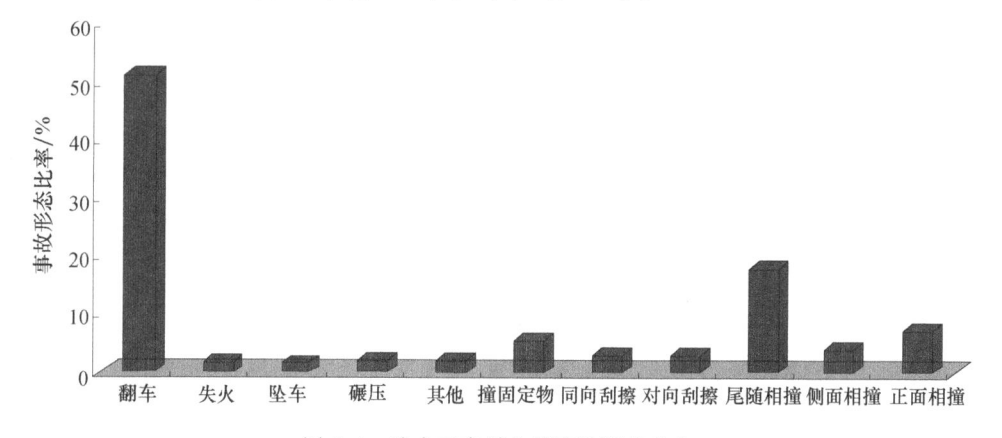

图 2.4　哈大双车道公路事故形态分布

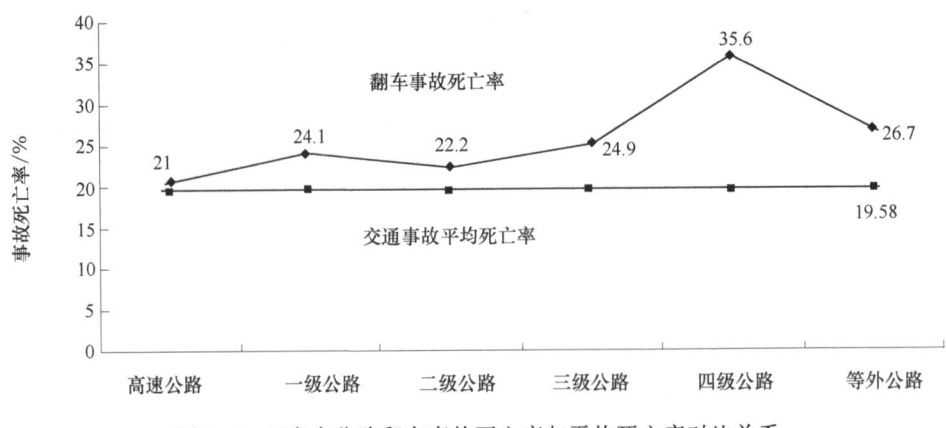

图 2.5 辽宁省公路翻车事故死亡率与平均死亡率对比关系

2.4.3 事故多发地点分布特征

通过对多条双车道公路交通事故发生地点调查，发现双车道公路下坡路段是事故高发区。对全国 29 处已连续发生重特大交通事故的双车道公路危险路段事故资料分析，发现这些路段多地处山区，坡陡、弯急、路窄、视线不良。在这 29 个危险路段中，属于连续长下坡的事故多发路段就有 16 处，高达 55%。由此可见，相比全国公路平均事故水平，在公路连续下坡路段，重大恶性交通事故的发生率最高。S203 公路在 K464+739～K464+881 与 K465+994～K466+245 这两处路段，通车仅两年的时间内，就先后发生了 8 起重大交通安全事故，死亡 11 人，重伤 4 人，造成直接经济损失达 400 多万元，而这几起事故均发生在急弯陡坡、连续下坡的危险路段。

实际上，国外充分的调查数据已经表明，在上、下坡路段上发生的事故率远远大于平坡路段。图 2.6 为德国公路交通事故率（AR）与纵坡坡度（G）的关系曲线，可以看出：

1）当纵坡坡度在 0～2% 时，上下坡事故率基本相同，而且数值很小；

2）当纵坡坡度在 2%～4% 时，下坡事故率开始大于上坡交通事故率，而且下坡事故率曲线迅速上升；

3）当纵坡坡度大于 6% 时，上坡事故率（AR）上升缓慢，下坡（AR）继续迅速上升，而且开始成倍增加。

由此可见，下坡路段比上坡路段更危险。

分析下坡路段事故高发的原因，主要是由于制动距离过长和制动失效导致车辆失控发生事故。汽车下长坡时，由于汽车自身重力作用，车辆制动距离的增加对安全产生不利的影响，导致事故的发生。表 2.21 显示出速度为 100 km/h，反应时间 2.5 s，摩擦系数 0.28 时，随着坡度的增加，制动距离的变化情况。

表 2.21　　　　　　　　　　不同坡度下坡路段制动距离

坡度/%	制动距离/m
0	210
5	241
10	288

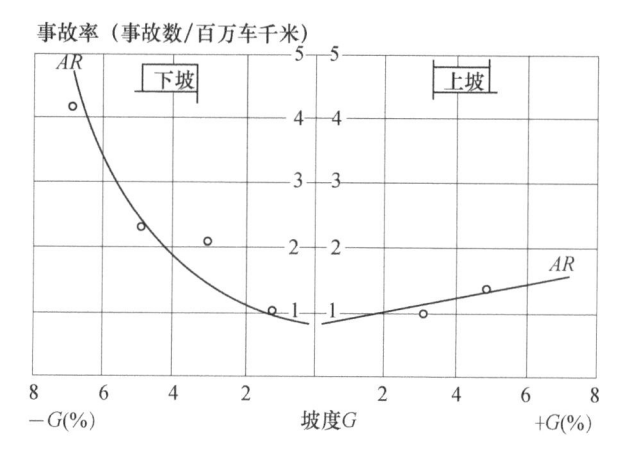

图 2.6 事故率 AR 与坡度 G 的关系

2.4.4 事故成因特征

超速行驶是双车道公路发生交通事故的一个重要诱因，超速行驶造成的道路交通事故不但在事故总数中占有相当比例，而且多为重大事故。其实在高速公路和一级公路上也存在超速行驶情况，但是由于双车道公路车辆混行现象更加严重，部分车辆的超速行驶使得超车的概率增大，道路上车辆的车速分布更加离散，使得事故率大大提升。

表 2.22 为辽宁省某年双车道公路因超速行驶造成的交通事故统计结果。从表中可以看出，辽宁省双车道公路的超速事故数量与伤亡人数比例很高，均超过 12%，其中二级公路的各项指标值最高，其次为三级公路和四级公路。

表 2.22 辽宁省双车道公路超速行驶造成的交通事故统计分析

公路等级	事故成因	事故数量/次	事故死亡人数/人	事故受伤人数/人	直接经济损失/元
二级公路	全部	3111	875	2259	15568980
	超速行驶	564	173	382	2879403
	百分比/%	18.13	19.77	16.91	18.49
三级公路	全部	3017	679	2209	11112264
	超速行驶	507	94	355	1888506
	百分比/%	16.80	13.84	16.07	16.99
四级公路	全部	899	216	724	3194805
	超速行驶	117	26	100	345413
	百分比/%	13.01	12.04	13.81	10.81

第 3 章

双车道公路线形要素与行车安全

本章主要介绍双车道公路线形要素对行车安全的影响，包括双车道公路平面线形要素（直线长度、平曲线半径、平曲线邻接段线形、曲率变化率、平曲线设置频率、平曲线转角、行车视距）和纵断面线形要素（纵坡坡度、纵坡坡长、竖曲线形式与半径）与行车安全的关系，双车道公路平曲线与竖曲线的适宜组合、应避免的组合、易使驾驶人产生错觉的双车道公路平纵线形组合，以及双车道公路路面与路肩宽度对行车安全的影响。

3.1 平面线形要素

道路平面线形要素主要包括直线、圆曲线和缓和曲线，其中圆曲线与缓和曲线统称为平曲线。此外，行车视距亦是道路平面线形设计的主要指标之一。

3.1.1 直线长度对行车安全的影响

直线是公路平面线形的基本要素之一，具有方向明确、布线容易、距离最短的特点，在线形设计中使用频率很高。一般来说，直线过长或过短都会使事故率偏高。

1. 短直线对行车安全的影响

直线长度过短使得驾驶人转弯操作频繁，工作强度大，线形的过快变化也容易诱发事故。另外，长度过短在线形组合上不合理，容易形成引起驾驶人视线错觉的"断背曲线"，对安全极为不利。

2. 长直线对行车安全的影响

过长直线对交通安全的影响来自驾驶人的视觉反应和心理承受能力。由于线形过分单调，容易引起驾驶人疲劳，反应迟钝，判断出错，遇到突发情况，来不及反应而造成车祸。德国的研究成果表明，驾驶人在直线上正常行驶超过 70 s 后就会感到单调。如果不需要超车，4.8 km 长的直线就会使驾驶人感到烦躁，甚至打瞌睡，带来灾难性的后果。过长的直线还容易使驾驶人产生趋驶心理，想尽快驶出直线段，不知不觉中造成超速行驶。因此直线不宜过长，直线一般不长于设计速度数值的 20 倍，否则会产生不利影响。

3.1.2 平曲线对交通行车的影响

1. 圆曲线半径对行车安全的影响

大量的事故数据资料显示，平曲线与道路安全关系重大。Zegeer 等人在 1992 年提出，发生在平曲线上的事故率是直线的 1.5~4 倍，而且事故程度较直线更为严重，有 25%~30% 的致死事故是在曲线上发生，一般在进入和驶出曲线时驾驶人最容易产生诱发事故的错误操作。车辆在曲线上行驶时速度会降低，速度降低得越大，发生错误操作和事故的可能性就越大，也就是说速度差越大，事故率越高，后果越严重。

许多双车道公路的设计标准较低，在设计时就存在一些小半径平曲线，导致曲线上发生的平均事故率比较高。在美国的乡村公路上，有 30%~40% 的事故是在平曲线上发生的。苏联科技副博士维都奇里斯研究汽车在平曲线上行驶的安全状况时指出，600m 可以作为双车道公路曲线路段与直线路段行车条件没有区别的最小平曲线半径值。美国道路安全设计指南通过大量统计数据得出这样的结论：双车道公路随着平曲线半径的减少，事故率呈增加趋势，当半径小于 400 m 时事故剧增。

本书对内蒙古 S203 线的平面线形几何要素进行了分析，发现桩号 K464+660~K464+871

和 K465+837.8～K465+979.7 两处的平曲线半径值最小，分别为 68.96 m 和 72 m，而这两个地方恰恰是交通事故"黑点"。事故原因分析表明，S203 线在此路段穿越林区，交通组成中大货车比例高达 41%，在调查过程中还发现货车的满载率很高，大部分车辆满载木材。由于车辆满载时重心会提高，这将影响汽车的稳定性。尤其当车辆转弯时，倾覆力矩的加大使得在紧急刹车时极易出现翻车、坠车等事故。

平曲线半径值过小使得安全车速与实际行驶速度差过大是前面两处路段速事故高发的另外一个主要原因。圆曲线最小半径 R 的计算公式为

$$R=\frac{V^2}{127(\mu+i)} \tag{3.1}$$

式中　V——汽车行驶速度，m/s；

　　　μ——横向力系数；

　　　i——路面横向坡度，当车辆行驶在曲线内侧时取"+"，外侧时取"-"。

上述两处路段的超高横坡均为 3%，横向力系数 μ 取 0.10，可以计算得到车辆安全平顺通过这两处路段的速度值，即：$V_1=33$ km/h，$V_2=34$ km/h。而在前面两处相邻路段 K464+603 和 K465+794 处实测的运行车速分别为 51 km/h 和 50 km/h，速度差值分别达 18 km/h 和 16 km/h，驾驶人通过这两个路段或者急刹车，或者以较高的车速通过小半径曲线，这两种驾驶行为都易导致事故的发生。

2. 平曲线邻接段线形对行车安全的影响

交通事故率不仅与平曲线本身的特性，如圆曲线半径值、转角大小、超高设置是否合理等因素有关，也与连接曲线的线形，如曲线两端的直线段长度、相邻曲线的半径大小等要素有关。如果在相当长的直线段上连接一个小半径曲线，要比一条弯弯曲曲的路线更危险，因此两条半径值相同的平曲线可能由于连接线形不同导致安全情况截然不同。

美国联邦公路管理局(FHWA)利用公路安全信息系统(HSIS)对双车道乡村公路平曲线和邻接直线长度的安全性关系进行了研究，分析发生在平曲线上的事故率是否随邻接直线长度的增加而增加以及其影响随平曲线半径的不同而变化的情况。在分析研究过程中，对研究数据按平曲线半径值和邻接直线长度进行分类，如表 3.1 所示。

表 3.1　　　　　　　　　　平曲线半径和邻接直线长度分类

圆曲线半径分类	圆曲线半径取值范围/m	直线长度分类	直线长度取值范围/m
R_1	$R \leqslant 200$	T_1	$T \leqslant 150$
R_2	$200 < R \leqslant 340$	T_2	$150 < T \leqslant 300$
R_{23}	$340 < R \leqslant 500$	T_3	$300 < T \leqslant 500$
R_4	$500 < R \leqslant 880$	T_4	$500 < T \leqslant 1200$
R_5	$R > 880$	T_5	$1200 < T \leqslant 2400$
		T_6	$T > 2400$

事故率用每百万车每年事故数来表示，并对应于半径和直线长度分类。图 3.1 表示了在各个半径分类下不同直线长度对应的百万车年事故率。从图中可以看出，事故率在平曲线为 R_1 类和直线为 T_3 类组合时达到最大。也就是说，直线长度对平曲线事故率的影响在曲线半径小于 200 m 且直线长度在 300～500 m 时达到最大值；当平曲线半径在 200～340 m，直线长度在

150～300 m 时达到第二极大值；对于半径超过 340 m 的平曲线，直线长度对事故率的影响不明显。即直线长度对半径 200 m 以内的平曲线的安全影响最大。研究还得出这样的结论：半径在 200 m 以内，邻接直线长度在 300～500 m 的平曲线的事故率比其他曲线高约 50%；半径在 200～340 m 范围内，邻接直线长度在 150～300 m 的平曲线的事故率比其他曲线高约 10%。

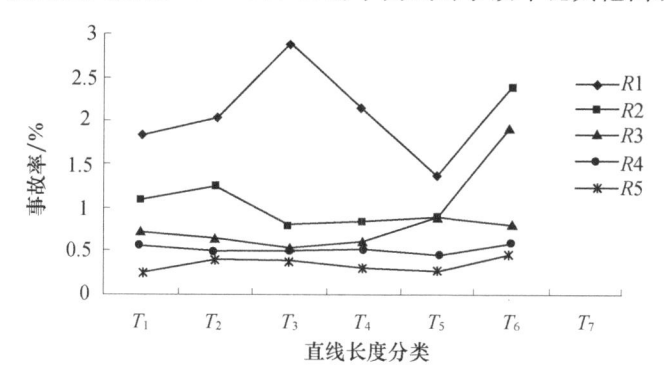

图 3.1　按直线长度分类的每百万车每年事故发生率

3. 曲率变化率对行车安全的影响

一般来说，由多个平曲线直接连接的路段要比传统的直线加平曲线路段的安全性高许多，可以用单位长度角度的变化值 CCR（Curvature Change Rate）即曲率变化率反映安全程度。随着曲率变化率 CCR 的上升，交通事故率也会上升，但是这种事故增加值会相对较小。

$$CCR = \frac{\alpha}{L} \times 100 \tag{3.2}$$

式中　CCR——曲率变化率，度/100m；
　　　α——曲线转角，度；
　　　L——曲线长度，m。

4. 平曲线设置频率对行车安全的影响

平曲线是平面线形的重要组成部分，没有平曲线的过长直线对行车安全会造成不利影响，美国公路设计指南对平曲线设置频率（仅限于半径小于 600 m 的小半径曲线）与百万车千米事故率的关系进行了分析，如表 3.2 所示。

表 3.2　　　　　　　平曲线设置频率与百万车千米事故率的关系

圆曲线半径 /m	1 千米内的曲线数量 /个	百万车千米事故率 /(次/百万车千米)
<175	0.3	8.2
	0.6～1	3.7
	2.5～3	2.2
290～580	0.3	3.06
	0.6～1	2.62
	2.5～3	1.6
>580	0.3	1.6
	0.6～1	1.57
	2.5～3	1.5

但是，平曲线数量太多会造成环境复杂，强迫驾驶人过多过快地接受信息，有时采取措施不及时或稍有疏忽便会发生交通事故。平曲线设置频率对交通安全的影响可以通过弯道密度与事故率的关系来反映。根据我国多条双车道公路交通事故率与弯道个数的关系，分析后发现单位长度的弯道个数，即弯道密度与事故率有很强的相关性，即

$$p = 0.49s^2 - 3.35s + 8.30 \tag{3.3}$$

式中　s——弯道密度，个/km；

　　　p——亿车千米事故率，次/(亿车·千米)。

该关系模型是开口向上的抛物线，最佳弯道密度 $s=3.4$ 个/km，即每千米平均约为 3.4 个弯道时，交通事故率最低，否则事故率就会以抛物线形式增加。

5. 平曲线转角对行车安全的影响

对于转向不同的平曲线，驾驶人的操作是不同的，行驶轨迹有一些差别。

在双车道公路上，跟在大货车后面的小汽车习惯靠左行驶随时准备超车，其视距在左转曲线上可能大大降低。

通过分析双车道公路 S203、G110 和 G210 部分路段路线转角大小和事故率的关系，利用回归曲线进行拟合，结果显示，当曲线转角在 0°~45°变化时，百万辆车事故率与转角的关系近似呈开口向上的抛物线形，即随着转角的增大，事故率在逐渐降低；当转角增大到某一数值时事故率降到最低值，即达到抛物线的最小极值点；此后随着转角的继续增大，事故率又开始上升。统计结果也证实了小偏角曲线容易导致驾驶人产生急弯错觉、不利于行车安全这一传统观点。

美国的研究成果同样证明了平曲线转角的安全值是 20°，因为转角为 20°的平曲线能最好地满足驾驶人的视觉特性和行车视野的要求。驾驶人在正常行车状态下，其视点一般集中在高乘宽为 10 cm×16 cm 的矩形范围内。若曲线转角为 20°，则驾驶人看到的曲线恰好落于上述矩形范围内（如图 3.2 所示），从而使驾驶人不需要移动视线或转动头部就可以充分了解道路及交通情况，同时也提高了行车舒适性、减少了行车疲劳和紧张感。小偏角的平曲线虽然也落入上述范围，但其缺点不在于视野范围是否有利，而是容易导致另一种交通心理现象，即急弯错觉。

当平曲线转角较大时，部分曲线已落于矩形范围之外，导致驾驶人看到的路线不连续，如图 3.3 所示，为此必须移动视线或转动头部才能看清全部曲线上的道路及交通情况，这无疑增加了行车难度和危险性。

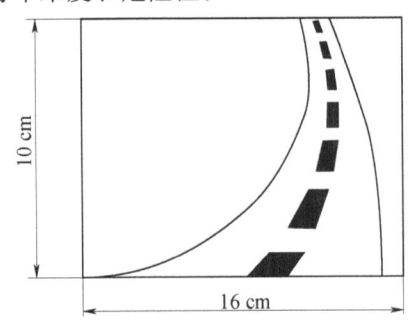

图 3.2　曲线全部落入矩形范围内 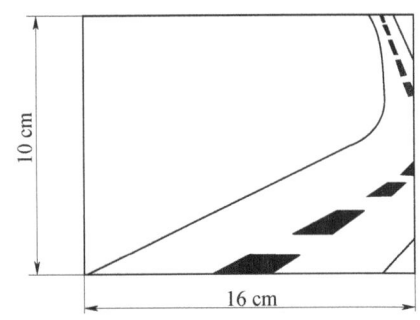　　　　　图 3.3　曲线部分落入矩形范围外

3.1.3 视距对行车安全的影响

为保证行车安全,驾驶人应能随时看到汽车前面相当远的路程,一旦发现前方道路上有障碍物或迎面来车,能及时采取措施,避免碰撞,这一必需的安全距离称为行车视距。道路具有足够的视距,是保证驾驶人行车安全的一个重要因素。在德国的道路交通事故中,由于视距不够引起的交通事故占总事故的比例达 44%;美国加州双车道公路,视距小于 800 m 与视距大于 2500 m 的路段相比,前者的交通事故率是后者的 2.2 倍。

行车视距分为停车视距、会车视距和超车视距三种类型。

1. 易发生行车视距不足的路段

(1) 平曲线路段

由于在弯道的内侧有边坡、建筑物、树木、道路设施等阻碍了驾驶人的视线,使得视距满足不了要求,从而成为视距不足路段。有时尽管原来设置的视距是足够的,但路边的绿化树、花草得不到及时清理,也会造成视距不足。特别是在弯道内侧如果设有平交道口,当地的行人、车辆、牲畜频繁出入道口,尽管驾驶人已发现障碍物并采取措施,但由于安全距离不足,还是会造成很大的危险,如图 3.4 和图 3.5 所示。

图 3.4 S203 线树木生长对行车视距的影响

(2) 凸形变坡路段

纵断面为凸形竖曲线,在上下坡连接处的竖曲线上,驾驶人的视线受到阻碍。当竖曲线半径较小时,视线受阻严重,视距满足不了规定的数值,成为视距不足的路段,如图 3.6 所示。由于竖曲线半径过小,影响驾驶人的视距,使其视野变小,是酿成事故的原因之一。

(3) 凹形变坡路段

纵断面为凹形的路段,在上下坡连接处的竖曲线上,汽车的车灯照射范围受到阻碍。由于竖曲线半径较小,驾驶人的视线严重受阻,视距满足不了规定的数值,成为视距不足的路段,如图 3.7 所示。

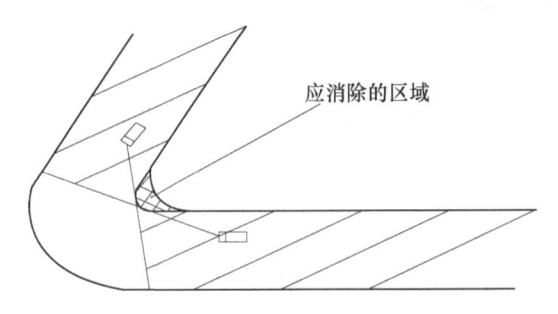

图 3.5 视距不足的平面弯曲路段

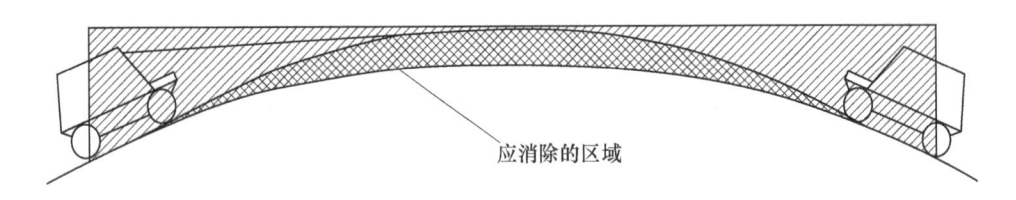

图 3.6 视距不足的凸形变坡路段

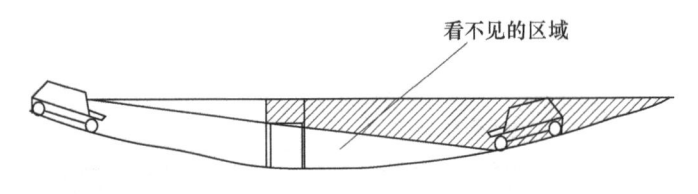

图 3.7 视距不足的凹形变坡路段

2. 行车视距与交通事故率的关系

如图 3.8 所示,从美国统计的交通事故率与行车视距的关系曲线可以看出,交通事故率随着行车视距的增加而降低。当视距小于 100 m 时,事故率随视距减小而显著增加;当视距大于 200 m 时,事故率随视距增加而缓慢降低;当视距大于 600 m 时,事故率基本不再变化。因此,100 m 可以作为事故率可容许极限点,200 m 是事故变化率的转折点。

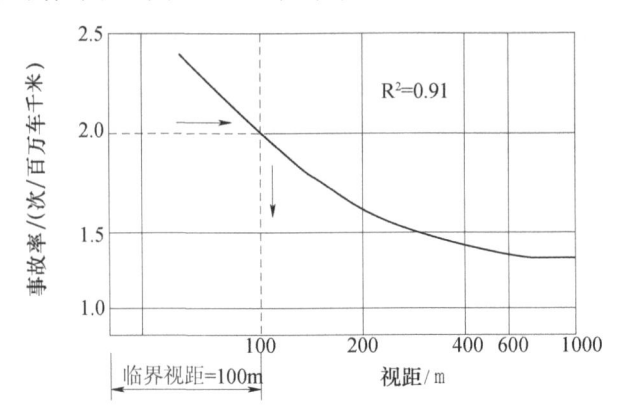

图 3.8 交通事故率与行车视距的关系

国内外道路交通事故统计表明,道路平面线形上视距不足反映出来的道路交通事故数量,没有纵断面线形上的视距不良反映得明显。根据英国资料统计，竖曲线的视距越短，交通事故越频繁，视距长度和交通事故率成反比，如表 3.3 所示。

表 3.3 竖曲线与交通事故率的关系

视距长度/m	百万车千米事故率/(次/百万车千米)	
	凸形曲线	凹型曲线
240 以下	2.4	1.5
240~450	1.9	1.2
450~750	1.5	0.8

3. 视距设置及检查应注意的几个方面

（1）道路所在地的气候状况

若公路地处北方，由于冬季冰雪影响，路面附着系数降低，导致制动距离增加，相应的行车视距也应当增加，否则难以确保安全。

（2）道路的交通状况

当道路上交通量组成中大型车、载重车比例较高时，由于车辆载重量大，制动距离长，相应的行车视距也应增加。在道路穿越村庄、城镇等人口密集区时，由于混合交通量大，交叉口多，人车横穿公路频繁，也应适当加大视距。

（3）考虑夜间行车状况

夜间行车由于光线不足，视线受阻严重，在打开车灯行车时的视距是否达标非常重要，应予以充分重视。

（4）实际行车速度的影响

如果道路状况良好，实际行车速度往往大于设计行车速度，当遇到突然转弯、上下坡、混合交通或人车横穿道路时，也会因车速过快造成制动距离增加而影响行车安全。这时应设置合理的交通安全设施，如明显的限速标志，从而有效降低行车速度。

（5）视距是否均衡

当道路的几何线形要素能保证较高车速时，个别的视距不足路段常常是交通事故的危险点。

3.2 纵断面线形要素

道路纵断面线形要素主要包括坡度、坡长、竖曲线半径等。纵断面线形对交通安全的影响也十分显著，往往是导致事故的直接原因。汽车的爬直坡能力是限定纵坡大小的一个重要因素。由于各种汽车构造、性能、功率不同，它们的爬坡能力也不一样，纵坡大小对载重汽车的影响比小汽车显著得多。汽车在陡坡上行时，必然导致车速降低。若陡坡太长，爬坡时会使汽车水箱出现沸腾、汽阻，以致行车缓慢无力，机件磨损增大，驾驶条件恶化，甚至导致发动机熄火；若汽车轮胎与道路表面摩擦力不够会引起车轮空转打滑，甚至有向后滑溜的危险，发生交通事故。沿长陡坡下行时，由于需长时间减速、制动，也会造成制动器发热失效或烧坏，从而导致交通事故。

3.2.1 纵坡坡度对行车安全的影响

国内外的研究一致认为，道路纵坡对交通安全的影响非常大，尤其当坡度比较大时，事故率明显上升。据莫斯科公路学院的调查资料分析表明，发生在道路坡度路段的交通事故在平原地区占 7%，在丘陵地区占 18%，在山区占 25%，而且坡度越大，交通事故率越高，如表 3.4 所示。

表 3.4　　　　　　　　　　纵坡度与道路交通事故率的关系

坡度/%	2	3	4	5	7	8
事故率/(次/百万车千米)	1	1.5	1.75	2.5	3	10

1. 坡度影响系数

纵坡坡度对安全的影响可以通过坡度影响系数反映。苏联、德国、日本、奥地利等国家的道路交通安全研究人员通过对已有的道路交通事故率与纵坡坡度关系的分析，提出了纵坡对于行车安全的影响系数值，如表 3.5 所示。

表 3.5　　　　　　　　　　　　纵坡安全影响系数

坡度/%	2	3	4	5	7	8
纵坡安全影响系数	1	1.3	1.75	2.5	3	4

2. 双车道公路纵坡坡度与平均速度的关系

车速与道路交通安全关系密切，对于一定性能的车辆，纵坡坡度大小直接影响着速度值。为了分析坡度对车辆行驶的影响，选择《公路工程技术标准》(JTG B01—2014)考虑坡长限制值时的车型——8t 载重东风重型货车，在自由流状态下观测其在不同纵坡坡度上坡和下坡的速度值。根据观测数据，通过回归分析得到如图 3.9 所示的载重汽车在上下坡道上平均速度与坡度的关系。

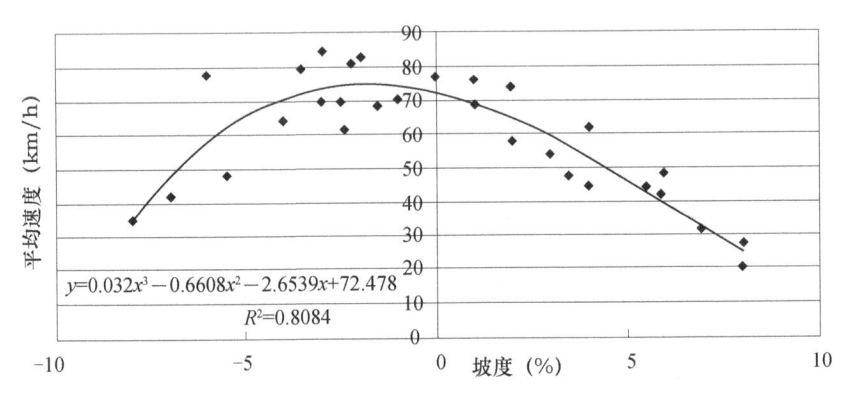

$$y = 0.032x^3 - 0.6608x^2 - 2.6539x + 72.478$$
$$R^2 = 0.8084$$

图 3.9　双车道公路平均速度与坡度关系图

从曲线图可以看出：自由流状态下的载重汽车在上坡段速度降低幅度要比下坡段剧烈。在上坡段，速度随着纵坡坡度的增加而逐渐降低；在下坡段，速度在较小纵坡路段有上升趋势，但当纵坡坡度大于 4% 时，速度并不随着下坡度的增加而增大，反而开始下降。这种现象主要是由于过大的陡坡给驾驶人心理造成一定的紧张情绪，而过陡的下坡会使车辆速度增加过快，为了避免坡底速度值过高，造成安全隐患，驾驶人被迫制动车辆降低车速。

3.2.2 纵坡坡长对行车安全的影响

坡长对交通安全的影响依赖于坡度对安全的影响,坡长主要起到一个对坡度的影响加强或削弱的作用。主要表现在:

1)长陡坡造成加速度或减速度的积累,使车速过高或过低而诱发事故。

2)过长纵坡易使驾驶人对坡度判断失误。如长而陡的下坡路段连接一段较平缓的下坡时,驾驶人会误认为下一路段坡度为上坡,从而采取加速行驶的错误操作。

尽管我国《公路工程技术标准》(JTG B01-2014)对应于不同的设计速度给出了最大纵坡和坡长值,但是通过对 S203 线连续下坡路段的线形设计分析及交通事故频发的事实表明:目前用于路线设计的纵断面指标仍需要进一步研究和探讨。规范中最大纵坡和坡长的确定,主要考虑了汽车的上坡动力性能,而缺少对长大下坡的安全性考虑,导致在实际设计过程中,设计人员可以做出符合《标准》《规范》要求的多种"合法、不合理"的纵断面设计。尤其是当地形起伏大,地质情况复杂,必须采用连续升坡或连续降坡展线的方法来克服高差的时候,虽然平纵线形指标都符合现行标准、规范的要求,但这些连续长、大下坡路段交通事故发生的概率明显增大,而且是重、特大交通事故较多。

3.2.3 竖曲线形式与半径对行车安全的影响

竖曲线主要是为了实现变坡点坡度变化的过渡曲线,包括凸形和凹形竖曲线两种。竖曲线半径的大小将直接影响过渡效果的好坏,对道路交通安全有着一定的影响。竖曲线半径值对交通安全的影响主要体现在:

1)对行车视距产生影响。半径越大,提供的行车视距就越大,小半径竖曲线往往不能满足视距要求。在任何道路上,可获得的视距应大于等于停车视距,小半径竖曲线易造成平、纵组合不合理而使视线不连续。对重型车辆情况更为严重,因为其驾驶人视线高于客车驾驶人。Olsonetal 在 1984 年通过数据分析,提出在凸曲线上由于视距不足导致的事故率高达 52%。

2)汽车在小半径竖曲线上行驶时,受到的竖向离心力作用使驾驶人产生超重或失重感过大,易造成驾驶失控。离心力的影响还会造成车辆与路面间的摩擦系数减小,影响交通安全。

3)在小半径凹曲线底部可能会出现排水不畅问题。如果排水设施不足,而且凹曲线是位于平曲线的超高过渡段,这种积水情况会更加严重。

竖曲线既要保证有足够大的半径,还要保证有足够的长度。因为当坡差很小时,计算得到的竖曲线长度往往很短,在这种曲线上行车时会给驾驶人一种急促的折曲感觉。通过获得的公路设计资料和事故资料,发现大于 6% 的陡坡路段上凸曲线发生交通事故的可能性较大。在相同的半径条件下,发生在凸曲线上的事故率比凹曲线大,而平曲线和竖曲线组合的路段事故率明显偏高。

3.3 平纵线形组合

Messer 指出,驾驶人的工作负荷随着视距的降低和复杂的线形几何条件而增加。当平曲线和凸曲线结合时,由于视距的降低和汽车不得不在三维空间行驶,从而大大增加驾驶人的工作负荷。如果平纵组合还包括了一些驾驶人意料不到的情况,那么工作负荷会增加得更多,这样就会导致驾驶人采取不安全的操作行为,行车速度发生很大变化,从而降低道路安全水平。因此,平纵线形组合是否合理对行车安全影响极大。

早在 1967 年,Park 和 Rowan 就开始使用驾驶人透视图考虑道路平面和纵断面的合理组合。近些年来,Smith 和 Lamm 提出了利用透视的方法评价道路三维空间,从而代替常见的二维空间评价方法。他们建议使用驾驶人透视图来确保设计能够满足驾驶人的期望,同时提出了一系列确保线形连续性设计的推荐值。比如说,平曲线和竖曲线的半径比值应该在 1/10~1/5,在山岭重丘区,凸曲线的半径应大于凹曲线的半径,而在平原微丘区反之。

德国的比鲁兹通过高速公路事故统计资料证实了急弯与陡坡的不利组合会使事故率剧增,如图 3.10 所示。

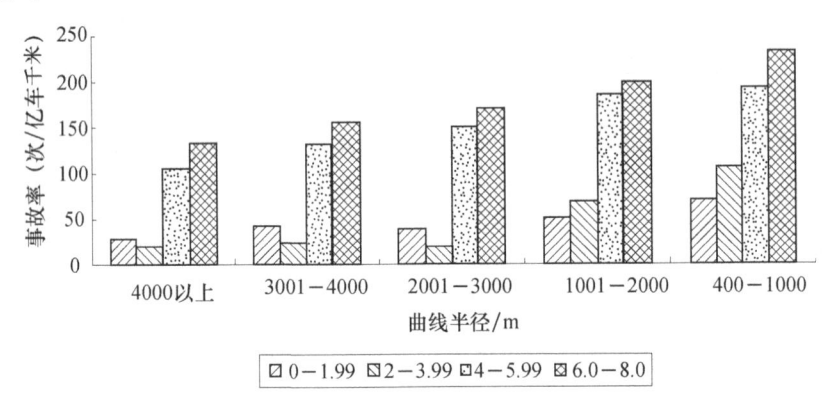

图 3.10 弯道与坡度组合的路段与交通事故率的关系

3.3.1 平曲线与竖曲线的适宜组合

平面线形与纵断面线形的组合,不仅应满足汽车动力学的要求,而且应充分考虑驾驶人在视觉、心理上的要求,避免产生扭曲、错觉和不良心理反应。

1. 平竖曲线对应且平曲线稍长于竖曲线

平曲线与竖曲线完全对应,能够保证驾驶人视觉上的连续性,从而形成顺滑而美观的线形。若将竖曲线的顶点设在平曲线的起点上,就不能给驾驶人一个顺滑的视线诱导,看起来公路好像断了似的,而且在纵断面的凹部底点附近排水困难;若在一个平曲线中设几个竖曲线时,就会使驾驶人感觉公路被分割成了几段。这些都是由于平曲线与竖曲线对应不当而产生的。

2. 平曲线与竖曲线的技术指标应保持均衡

平曲线与竖曲线在一起时,其技术指标之间的大小匹配应当均衡,不能一个大而缓、另一个小而急。一个长的平曲线内有两个以上竖曲线,或一个竖曲线内有两个以上平曲线,看上去都不协调。根据德国的计算,若平曲线的半径小于 1000 m,竖曲线半径约为平曲线半径的 10~20 倍便可达到均衡的目的。

3. 根据路面排水和汽车行驶动力学要求选择组合得当的合成坡度

在双车道公路穿越山岭等地区时,若纵坡较陡又插入小半径平曲线,就容易造成合成坡度过大,对行车安全不利,特别是在冬季结冰期更危险。在平坦地区,当纵坡几乎接近水平时,平曲线起、终点附近的合成坡度会非常小,对排水不利。一般来说,最好使合成坡度介于 0.5%~8%。

4. 道路线形要虑驾驶人心理需求

如图 3.11 所示，直线或长平曲线上纵断面线形不得存在驼峰、暗凹、跳跃等使驾驶人视线中断或忽上忽下的线形，否则会造成驾驶人视线不连续，受到竖向离心力的反复变化影响，引起心理不适和操作失控。要避免在驾驶人的视域内出现反复变化的线形，无论是平面线形上的方向变化，还是纵面线形上的坡度变化，都会使线形外观不连贯，形成视线盲区和错觉，使驾驶人产生紧张感，影响行车舒适和安全。

因此，美国有关专家建议，驾驶人在任何一点所看到平面线形上的方向变化不应超过 2 个，纵坡线上不应超过 3 个。

图 3.11 内蒙古 S203 线暗凹路段

3.3.2 应避免的平纵线形组合

平、竖曲线重合是一种理想的组合，但由于地形等条件的限制，这种组合往往不是总能争取到的。如果错位不均衡，就会出现视觉效果很差的线形。

1. 避免竖曲线的顶部和底部插入小半径的平曲线

在凸形竖曲线的顶部插入急转弯的平曲线，会因视线小于停车视距而导致急打方向盘。若凹形竖曲线底部插入小半径的平曲线，便会出现汽车高速行驶时急转弯，容易引起交通事故，如图 3.12 所示。

2. 避免凸形竖曲线的顶部或凹形竖曲线的底部与反向平曲线的拐点重合

二者都存在不同程度的扭曲外观，前者不能正确引导视线，会使驾驶人操作失误。后者虽无视线诱导问题，但路面排水困难，易产生积水，雨水不但使路面抗滑性能下降，飞起的溅水和水雾还会降低能见度，造成夜间行车车灯眩目，危及行车安全。

图 3.12　内蒙古 S203 线 K464＋887 处易发生坠车事故路段

3. 避免平竖曲线首尾相接

当车辆行驶至平、纵线形同时变化的地点时，驾驶人既要操纵方向盘，又要操纵变速器，手脚并用，容易因忙乱而出事故。所以，平、竖曲线最好分开设置，它们之间应有 10 s 的运行车速行程。

4. 避免小半径竖曲线与缓和曲线重合

这种组合对凸曲线诱导性差，事故率较高，对凹曲线路段易导致路面排水不良。

5. 避免"零"横坡的出现

路面的横坡在设有超高的弯道会发生改变，在横坡由正常坡度变化到超高横坡过程中，会在缓和曲线某处形成"零"横坡，造成该处排水不畅，路面抗滑性下降，车辆方向不好控制，引发多起交通事故。

3.3.3　易使驾驶人产生错觉的平纵线形组合

在公路线形设计中，所采用的指标不仅应满足标准和规范的要求，同时还应该考虑驾驶人在行驶时视觉的特殊性。当汽车行驶速度较高时，驾驶人的视觉特性对其驾驶行为和行驶速度影响很大，易使驾驶人出现错觉、幻觉。若线形设计不当，这种情况会更严重。在线形设计中，应结合驾驶人的动视觉特点，设计出在视觉上保持连续和流畅的公路线形，尽量避免采用易使驾驶人产生错觉的线形，从而给驾驶人提供一个宽松和愉悦的驾驶环境。

1. 弯道错觉

实验表明，弯道可见部分越小，驾驶人就越会低估其曲率。在实际道路上，对于不超过半圆的圆弧线形，总觉得它的弯度比实际弯度小；对于同样曲率半径的弯道，前方容易看清楚时，也会产生弯度小的错觉，容易使驾驶人盲目高速行驶，对行车安全极为不利。在蛇行弯道行驶中，由于视线方向不断改变，会产生弯道更为弯曲的错觉，这又会使驾驶人过多过急地转向，也会引发交通事故。

2. 坡道错觉

如果下坡行驶到坡度变缓的路段时，由于路边景物与路面倾斜度降低所造成的影响，驾驶人会觉得下坡已完，开始上坡了，如果在坡道两旁设有交通标志，驾驶人可以根据交通标志来克服这种错觉。但在没有交通标志的坡道上，驾驶人极容易采取提速冲坡动作。同样，在上坡时，也会因为中途坡度变缓而误认为上坡结束，从而盲目换挡。这些错误的操作都会诱发交通事故。

3. 线形错觉

转向相同的同向曲线之间插入较短的直线段时，在视觉上容易产生将直线和两端连接的曲线看成反向曲线的错觉，当直线过短时甚至把两个曲线看成是一个曲线，造成驾驶人操作失误。

3.4 横断面设计要素

3.4.1 公路路面宽度对行车安全的影响

一般来说，较宽的路面有利于行车安全，当双向车道的路面宽度大于 6.5 m 时，事故率比路宽为 5.5 m 的路面低得多，即道路交通事故率随路面宽度的增加而降低。

图 3.13 为美国双车道公路事故率与路面宽度的关系。总体来看，事故率与路面宽度基本上呈线性关系，路面越宽，事故率越小。但是双车道公路路面宽度如果过大，会使得道路余宽值加大，驾驶人就会试图利用余宽，在非超车带进行超车，或因高速行车而肇事。

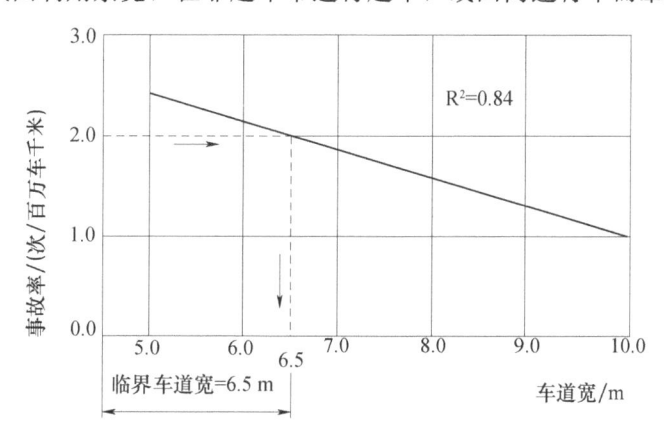

图 3.13 双车道公路事故率与路面宽度的关系

3.4.2 路肩宽度与结构对行车安全的影响

1. 路肩宽度对行车安全的影响

路肩由硬路肩和土路肩组成，路肩对安全行车的作用主要有以下两点。

1）给发生故障的车辆提供临时停靠的地点，有利于防止交通事故和避免交通紊乱。紧急状态下，路肩还可以作为事故救援的备用道。

2）作为侧向净宽的一部分，能增进驾驶人的安全感和舒适感，尤其在挖方路段，可以增加弯道视距，减少行车事故。

一般情况下，路肩较宽可以给驾驶人以较大的操作空间，但是路肩宽度的过量增加并不会显著降低事故率。

2. 路肩结构对行车安全的影响

路肩的结构对车辆的安全行驶也极为重要，车辆一旦离开路面进入土质路肩区，若路肩结构与路面结构差异较大，车辆很容易失去控制而发生危险，这说明修建硬质路肩更有利于交通安全。

因此，虽然双车道公路可以不设硬路肩，但在村镇附近及混合交通量大的路段应予加固。

第 4 章

双车道公路线形连续性与行车安全

公路线形设计是以汽车的行驶特性为主要依据的,一个连续的公路线形设计应该既能够满足汽车运动轨迹特征、汽车动力学特性,还要符合驾驶人的视觉和心理的要求。这样的线形设计有助于驾驶人减缓疲劳,使得紧张的神经得以放松,保证行车安全。可见,连续的公路线形的作用是十分明显的,连续性就是描述线形符合驾驶人的期望程度和汽车行驶轨迹的程度。

公路线形设计的连续性主要表现在平、纵、横三个方面。在路线的平面设计中,主要考虑的是汽车的行驶轨迹,使线形能更好地符合驾驶人的期望和汽车行驶要求。在路线的纵断面设计中,线形是直线和竖曲线的简单组合,主要考虑直线的长度和坡度的大小,以及行车的舒适性和安全视距等方面,同时还要满足汽车运动力学和驾驶人的视觉心理、生理的要求,所有这些方面也正是出于考虑连续性的需要。在路线的横断面设计中,影响连续性的因素主要是路面宽度、平整度、路基高度和路侧交通安全设施等方面。

汽车在公路上行驶时,驾驶人是按照沿线条件选择各自适应公路线形的驾驶速度,即运行速度。当公路本身的平、纵、横几何组成要素超过该等级公路上汽车安全行驶的最低要求,且交通密度、气候等外部条件又适宜时,汽车的实际行驶速度常常超过设计速度,设计速度越低,出现这种现象的概率就越大。因此,运行速度反映了驾驶人对各种限制公路线形连续性影响因素的视觉、心理感受,通过对运行速度的研究来分析公路线形质量是一种切实可行的研究途径。

本章拟对比介绍双车道公路设计速度与运行速度的差别,总结以运行速度概念为基础进行道路线形设计的优点。从设计速度降低值、平均客车运行速度变化值、客货车平均速度差值、曲率变化率、相邻路段运行速度差等方面,分析总结已有的公路线形连续性评价标准。给出双车道公路运行速度分析路段的划分方法、运行速度的计算模型,并进行实例分析与验证。

4.1 设计速度与运行速度

4.1.1 设计速度的主要缺点

设计速度是指当气候条件良好、交通密度小,汽车运行只受道路本身条件影响时,中等技术驾驶人能保持安全顺适行驶的最大行驶速度。它是公路设计时确定道路几何线形的最关键参数,设计速度一经选定,公路的所有相关要素,如超高、视距、纵坡大小、竖曲线半径等指标均与其配合以获得均衡设计。

公路几何设计采用设计速度的方法最初是美国在 20 世纪 30 年代提出的,由于当时的车速较低,这种方法一般能适应那个年代的公路。我国从 20 世纪 50 年代开始引入设计速度的概念至今,基于设计速度的路线设计方法已为所有设计人员所掌握。但是,经过多年来的实践发现,这种设计方法本身存在一定的缺陷,随着汽车尺寸的加大,功率的提高,汽车的运行速度与设计速度有了很大差别。

如果只从几何要素考虑,设计速度也就是一条道路受限路段汽车所能安全行驶的最大速度。一条道路的受限路段一般较少,而大多数路段为非受限路段,其线形指标高于受限路段,可以允许汽车高于设计速度行驶。从设计控制的角度考虑,在这些非受限路段,路线的平、纵、横及其他相关指标就没有确定依据,从而导致各个指标取值不合理、相互配合不协调、高低指标之间无过渡等问题。由于技术指标的不协调,很难实现路线线形的均衡性,驾驶人总是通过不断获取的道路线形条件,根据期望的行车速度和直觉调整自己的车速。驾驶人对线形造成的危险感觉变化，选用的速度往往会随之发生变化，并且在驾驶人自己认为安全的情况下，总是尽可能采取较高的车速行驶，这是一般驾驶人的行车心理，结果往往导致实际运行速度超过设计速度。这种超速和突变极易发生交通事故。

因为设计速度对一特定路段而言是一个固定值，用于规定某一路段的最低设计标准，但在实际的驾驶行为中，没有一个驾驶人自始至终地去恪守这一固定车速。实际的行驶速度总是随着公路线形、车辆动力性能及驾驶人特性等各种条件的改变而变化。只要条件允许，驾驶者总是倾向于采用较高的速度行驶。国内外观测数据研究表明，当设计速度高时，运行速度低于设计速度；而当设计速度低时，运行速度往往高于设计速度。运行速度和设计速度的不一致性，常常是事故发生的隐患。针对设计速度方法存在的主要问题，德国、法国等欧洲国家和美国、澳大利亚等发达国家广泛运用了以运行速度概念为基础的路线设计方法。

4.1.2 运行速度的主要优点

运行速度是指当交通处于自由流状态、且天气良好时，在路段特征点上测定的第85个百分位上的车速。运行速度是美国、德国、澳大利亚等国家提出并进行应用研究的，它是公路平、纵线形指标顺畅与否、安全与否的最终反映。

国外通过大量的速度调查，发现将运行速度作为公路连续性设计的依据，可以满足各指标取值协调和线形设计均衡的基本要求。以运行速度概念为基础来研究、解决道路线形设计问题，具有以下优点。

1) 避免了设计速度作为一个固定值并用来进行公路线形设计的盲目性和不具体性。

2) 运行速度是从实测数据中确定的，依据运行速度确定的线形设计要素满足了车辆的行驶要求，解决了设计要素间的相容问题。

3) 考虑了影响实际行驶车速的各种因素，如道路本身条件、驾驶人、汽车、路侧自然景观和环境等因素，因此，利用运行速度来研究道路线形问题更加科学，考虑的因素也更加全面。

4) 通过速度变化控制原则，保证各路段速度的一致性，不会出现速度突变点，从而保证公路线形是连续的。

4.2 线形连续性评价标准

研究表明，如果道路线形特性与大多数驾驶人期望一致时，驾驶人的操作失误会比与驾驶人期望不一致时明显少得多。由于公路线形参数，如平、纵曲线半径、纵坡、超高、加宽、视距等都是影响汽车运行速度的主要因素，而线形指标是否连续是通过汽车的运行速度是否连续表现出来的，因而用速度来分析道路线形条件具有一定的可靠性。通过合理的路段划分以及推算或测得的实际运行车速，就可以分析判断该路段线形是否连续、安全，是优良的线形还是劣质的线形。只要解决好公路几何要素之间的组合问题，也就解决了运行速度的连续性问题。

4.2.1 v_{85}的提出

从道路交通安全的角度看，选用85%位车速v_{85}作为路段实际运行速度是合理的。

1) 由于公路上行驶的车辆类型众多，驾驶人的驾驶水平和心理因素不同，路段的状况、交通组成及服务水平也不尽相同，所以车辆在路段上行驶时的实际运行速度各不相同，为了满足多数车辆的需求需要采用 v_{85}，它代表了绝大多数车辆的行驶要求。

2) v_{85} 可以更好地反映出实际安全行驶的最大速度，在很大程度上从公路几何条件方面保证了汽车行驶的安全性。

3) 相对于设计速度、平均车速，v_{85} 避免了"一刀切"的做法，能更好地满足汽车转弯时驾驶人所期望的速度，以此速度为依据设计出来的公路几何要素值能更好地符合行车需要。

公路线形设计的发展趋势将从基于车辆动力分析的旧有模式，向考虑人、车、路等系统因素，尤其是注重人的特性与驾驶人行为的方向发展，选用运行速度作为设计尺度，完全能够体现路线设计要素的合理性。

美国的研究数据表明，道路相邻平曲线段的运行速度差与该曲线段的安全情况存在着密切的关系，具体数据如表 4.1 所示。

表 4.1　　　　　　　　运行速度变化趋势与交通事故率的相关性

运行速度梯度/(km/h)	平曲线数量/个	3 年累计事故数/次	事故率/(次/百万车千米)
$\|\Delta v_{85}\|<10$	4518	1483	0.46
$10\leqslant\|\Delta v_{85}\|\leqslant20$	622	217	1.44
$\|\Delta v_{85}\|>20$	147	47	2.76

注：Δv_{85} 为公路相邻路段的 85% 位车速差值。

4.2.2　连续性评价标准

连续性的评价标准至关重要，用不同的评价标准评价同一条公路的线形设计质量，也许会得出截然相反的结论。而且，由于各个国家有各自不同的国情，同一个评价标准也不能完全适用于所有国家。国外对线形的评价研究较早，取得了一定的研究成果，我国在分析和跟踪欧美等国家道路安全评价成果的基础上，结合我国国情对交通事故与公路几何指标、交通事故与运行车速、公路几何指标与运行车速等关系也进行了深入研究。

1. 国外的公路线形连续性评价研究成果

早在 1970 年，Leich 就发现基于设计速度概念的公路设计不能确保线形一致性，主要原因之一是当设计速度低于 90 km/h 时，运行速度与设计速度相差较大，另一个问题是货车和客车的速度差较大，因此提出了 15 km/h 原则。

1) 尽量避免降低设计速度，不得已情况下降低值不要超过 15 km/h。
2) 一条公路全线的平均客车运行速度变化值不应超过 15 km/h。
3) 货车的平均速度和客车的平均速度相差不能超过 15 km/h。

Lamm 等人研究了纽约 261 条道路曲线，使用曲率来描述道路线形的连续性。在美国公路设计中的曲率是指 100 英尺弧长所含的圆心角，曲率 D 与半径 R 的关系为：$RD=1746.38$。对线形连续性的评价标准为：

1) 优秀设计：曲率变化率小于 5°或 v_{85} 在连续的平面线形间的变化值小于 10 km/h。
2) 良好设计：曲率变化率大于 5°且小于 10°或 v_{85} 在连续的平面线形间的变化值大于 10 km/h 而小于 20 km/h。
3) 较差设计：曲率变化率大于 10°或 v_{85} 在连续的平面线形间的变化值大于 20 km/h。

2. 我国高等级公路线形连续性评价标准

上述评价标准都是国外 20 世纪七八十年代的研究成果，考虑我国目前的路况、车况和其他因素同国外二三十年前的车况、路况有一定的相似性，故上述标准对我国现今的实际情况仍然有一定的借鉴价值。随着汽车结构的逐步改善，尺寸加大，功率增加，汽车能适应的运行速度变化能力得到了提高，而这更需要逐步改善和提高公路线形与之相适应。当然也不能一味地通过改善线形来提高汽车的运行速度，那样将会进入一个死循环阶段，必须以必要的交通安全设施和法律手段相辅助。

结合国内外的研究成果和我国的实际情况，《公路项目安全性评价规范》（JTG B05—2015）给出高速公路、一级公路新建或改建工程的行车安全评价标准，评价指标采用相邻路段运行速度的差值 Δv_{85}，线形连续性的评价标准如下。

1) $|\Delta v_{85}| < 10$ km/h：运行速度协调性好。

2) 10 km/h $\leqslant |\Delta v_{85}| \leqslant 20$ km/h：运行速度协调性较好，条件允许时宜适当调整相邻路段技术指标，使运行速度的差值小于或等于 10 km/h。

3) $|\Delta v_{85}| > 20$ km/h：运行速度协调性不良，相邻路段需要重新调整平、纵面设计。

4.3 运行速度计算方法及实例分析

公路线形连续性是指道路几何线形设计既不违背驾驶人的期望，又不超越驾驶人安全操作车辆能力极限的特性。如果道路的线形设计符合驾驶人的期望，他们就很少犯驾驶操作错误。

目前，国外对于线性连续性的研究很多，主要分为基于速度的研究、基于安全的研究、基于驾驶人操作难易的研究。本章主要研究基于道路线形的运行速度计算方法，并对 S203 线双车道公路的道路资料和事故资料进行连续性实例分析，采用速度连续评价法。该方法以路段上车辆的运行速度作为评估线形连续性的主要指标，认为运行速度随线形指标的变化而变化，并且具有相似公路平面线形要素特征的连续路段上的行车速度具有相对的稳定性，以此建立预估车速的模型，认为相邻路段实际行车速度差值比较大的地方即为线形不连续的路段，道路不连续的路段往往是事故多发地点。内蒙古 S203 线公路的分析结论也证实了这一点，利用线形连续性方法判断得出在 K463～K469 路段有 3 处速度突变点，其中两处为事故多发地。可见公路线形的连续性对交通安全的影响是很大的。

4.3.1 已有的双车道公路运行速度计算方法

1. 国外的双车道公路运行车速回归模型

Lamm 等人通过对 261 条双车道公路路段的曲线要素与 v_{85} 调查数据进行统计分析，认为具有相似道路平面线形要素特征的连续路段上的行车速度具有相对的稳定性，同时还发现在转角、曲线半径、车道宽度、路肩宽度、日平均交通量等要素中，曲线长度和半径对 v_{85} 的影响最大，建立了相应的回归模型：

$$v_{85} = 95.78 - 0.076 CCR \tag{4.1}$$

式中 CCR——角度变化率，定义为相似特征路段上每单位长度的角度变化值，度/m。

CCR 的计算公式为：

$$CCR = \frac{1}{L_t}\left(\sum_i \frac{L_{ci}}{R_i} + \sum_j \frac{L_j}{2R_i}\right) \tag{4.2}$$

式中 L_t——路段总长度，m；

L_{ci}——相似特征连续路段内圆曲线 i 的长度，m；

L_j——相邻缓和曲线 j 的长度，m；

R_i——圆曲线 i 半径，m。

这种模型考虑了相邻曲线间的相互作用，因而比较符合道路上车辆行驶的实际情况。但是由于我国的车辆性能及道路状况与美国存在很大差异，因此该模型不一定适于预估我国的实际运行速度。

2. 我国双车道公路运行速度预测方法

在我国，同济大学朱照宏等研究人员通过对双车道公路运行车速的实测数据和曲线半径的关系进行统计分析后，得出了汽车在路面潮湿情况下行驶时，不同曲线半径和路面宽度所对应的 v_{85} 值，其关系曲线如图 4.1 所示。

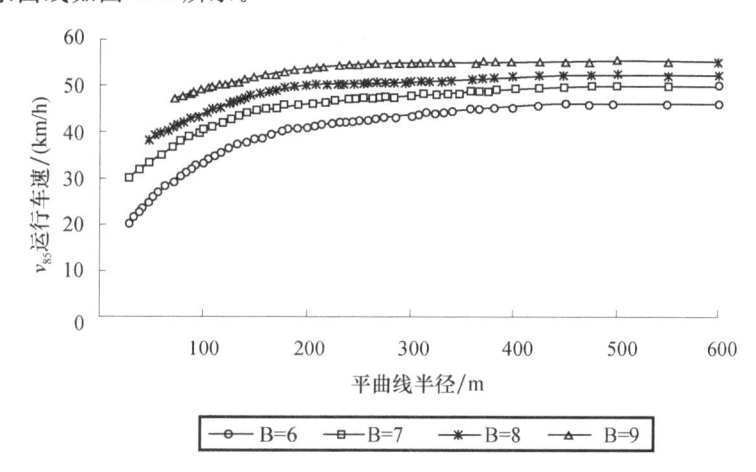

图 4.1 双车道公路曲线半径与 v_{85} 的关系图

图 4.1 所示的曲线半径与 v_{85} 的关系，较符合我国的实际情况，但由于未考虑相邻线形要素间的相互作用，可能与道路行车的实际情况有出入。比如，当曲线半径为 1000 m 的曲线两端连接的是半径较小的曲线时，它的实际行车速度 v_{85} 可能不会达到图中所示速度值。同样，较小的半径两端连接较长的直线时，其实际的 v_{85} 也可能会大于图示的值。因此，需要寻找一种既符合我国国情，又能够考虑相邻线形要素间相互作用的运行速度计算方法。

4.3.2 本书提出的双车道公路运行速计算方法

结合澳大利亚的《公路设计指南》和我国《公路项目安全性评价规范》（JTG B05—2015），同时综合我国已有的研究成果，建立了双车道公路运行速度预估模型，具体步骤如图 4.2 所示。

1. 运行速度分析路段的划分及处理原则

根据直线长度和平曲线半径大小，将整条路段划分为直线路段和曲线路段等若干个分析单元。不同路段处理原则如下。

1）当直线段位于两个小半径曲线之间，且长度等于或小于临界值 160 m 时，该直线段为短直线段，认为在此路段上车辆运行速度保持不变。在国外的研究成果中，瑞士取定的短直线段临界长度为 145 m，澳大利亚取定的短直线段临界长度为 200 m。根据实际可能存在的短直线长度，以及对我国驾驶人行为的研究，认为直线段临界长度取 160 m 是适宜的。

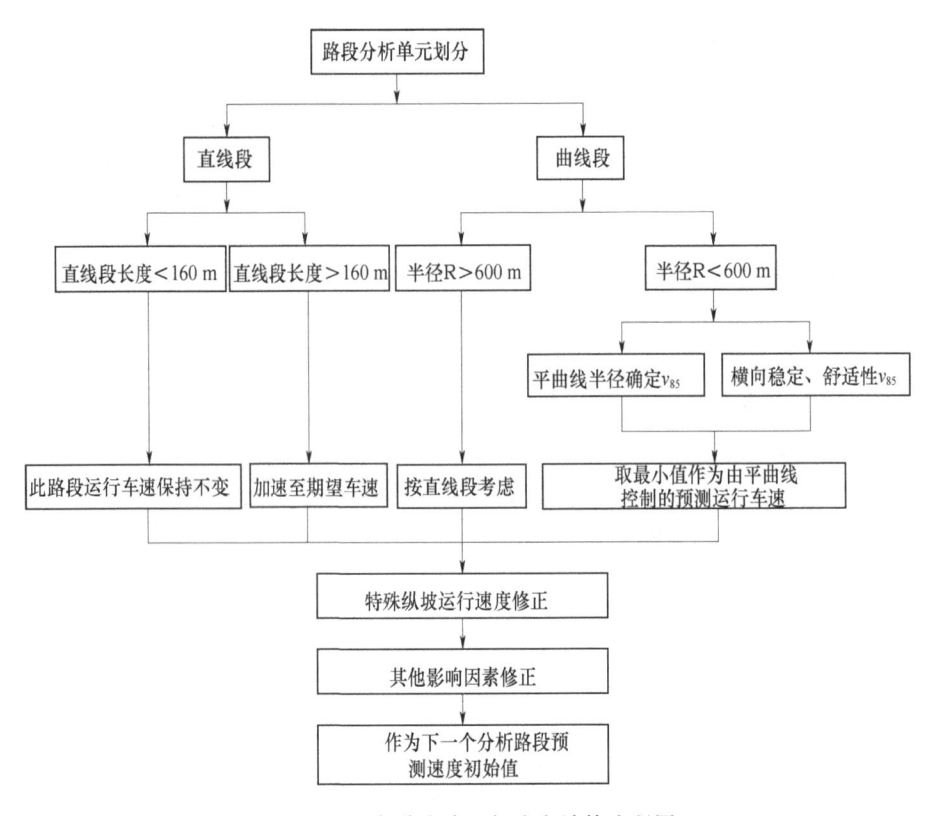

图 4.2 双车道公路运行速度计算流程图

2) 大于临界长度的直线自成一段。车辆在这样的平直路段上行驶，会有一个期望行驶速度。当初始运行速度小于期望运行速度时为变加速过程，直至达到稳定的期望车速后匀速行驶。平直路段上车辆的加速过程，可按下式计算：

$$v_s = \sqrt{v_0^2 + 2a_0 s} \tag{4.3}$$

式中　v_s——直线段上的期望车速，m/s，可参考表 4.2；

　　　v_0——驶出曲线后的运行速度，m/s；

　　　a_0——车辆的加速度，m/s²，可参考表 4.2；

　　　s——直线长度，m。

表 4.2　　　　　　　平直路段上期望运行速度和推荐加速度值

车型	小客车	大货车
期望车速 v_s/(km/h)	80	60
推荐加速度值 a_0/(m/s²)	0.15~0.50	0.20~0.25

3) 半径超过 600 m 的平曲线，其运行速度按相应直线段考虑。

4) 连续小半径曲线段的分析单元划分。对于平曲线半径小于 600 m 的路段，可将位于表 4.3 "路段半径范围"的相邻曲线划分为一个路段；若曲线组中的一条曲线不位于此纵栏范围，应单独划分成一个路段单元。

表 4.3　　　　　　　　连续小半径曲线路段分析单元划分表

序号	路段半径范围/m	序号	路段半径范围/m	序号	路段半径范围/m	序号	路段半径范围/m
1	45～65	9	90～125	17	180～285	25	370～500
2	50～70	10	100～140	18	200～310	26	400～530
3	55～75	11	105～150	19	225～335	27	425～560
4	60～85	12	110～170	20	245～360	28	450～585
5	70～90	13	120～200	21	270～390	29	480～610
6	75～100	14	130～215	22	295～415	30	500～640
7	80～105	15	145～240	23	320～445		
8	85～115	16	155～260	24	350～475		

2. 小半径平曲线段的运行速度计算

(1) 路段单元为单独一条平曲线

划分的路段单元为单独一条曲线时，利用图 4.2，由平曲线半径值直接确定运行速度 v'_{85}；再考虑汽车在小半径曲线上行驶时的横向稳定性和舒适性要求，综合平面和横断面上设计要素，预测运行速度 v''_{85} 值。将 v'_{85} 与 v''_{85} 比较，选取最小值作为此路段由平曲线控制的运行速度，即：

$$v_{85\Psi} = \min(v'_{85}, v''_{85}) \tag{4.4}$$

$v_{85\Psi}$ 的计算通过 VB 编程实现，其中考虑汽车在小半径曲线上行驶时的横向稳定性和舒适性要求的具体分析过程如下。

1) 汽车在路面上转弯行驶时的受力分析。

如图 4.3 所示，汽车在行驶过程中所受到的横向力 F_h 为：

$$F_h = F \cdot \cos\alpha - G \cdot \sin\alpha \tag{4.5}$$

式中　F——车辆所受的离心力，N，按公式 (4.6) 计算；
　　　G——车辆所受的重力，N；
　　　α——横坡角，度。

$$F = m \cdot \frac{v^2}{R} \tag{4.6}$$

式中　m——汽车质量，kg；
　　　v——汽车的运行速度，m/s；
　　　R——圆曲线半径，m。

将公式 (4.6) 代入公式 (4.5)，得：

$$F_h = m \cdot \frac{v^2}{R} \cdot \cos\alpha - G \cdot \sin\alpha = k \cdot m \cdot v^2 \cdot \cos\alpha - mg \cdot \sin\alpha \tag{4.7}$$

式中　k——曲线上某点的曲率值，m^{-1}；
　　　g——重力加速度。

从图 4.3 中，可得到以下几何关系式：

$$\sin\alpha = \frac{h_c}{\sqrt{h_c^2 + b^2}} \tag{4.8}$$

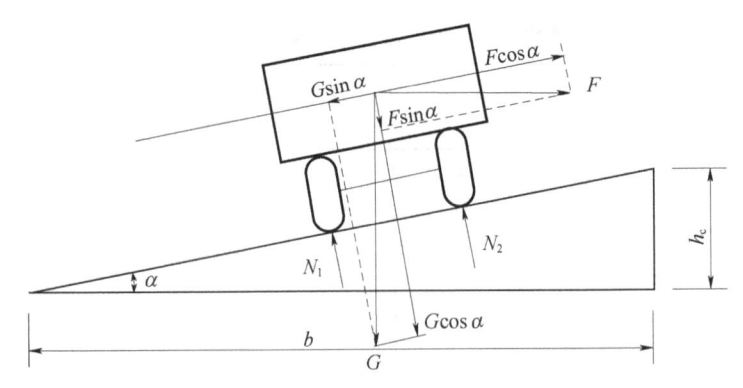

图 4.3 曲线上汽车受力分析图

$$\cos \alpha = \frac{b}{\sqrt{h_c^2 + b^2}} \tag{4.9}$$

式中 h_c——路拱高度，m；

b——路基宽度的一半，m。

横向加速度 a_h 的计算公式如下：

$$a_h = \frac{F_h}{m} \tag{4.10}$$

将公式（4.7）、（4.8）和（4.9）代入公式（4.10），得：

$$a_h = \frac{F_h}{m} = kv^2 \cdot \frac{b}{\sqrt{h_c^2 + b^2}} - g \cdot \frac{h_c}{\sqrt{h_c^2 + b^2}} = \frac{b}{\sqrt{h_c^2 + b^2}} \left(kv^2 - \frac{gh_c}{b} \right) \tag{4.11}$$

对公式（4.11）进行求解，得：

$$v = \sqrt{\frac{a_h \cdot \sqrt{h_c^2 + b^2} + gh_c}{bk}} \ (\text{m/s}) \tag{4.12}$$

公式（4.12）中除了横向加速度在平面和横断面设计中不可以确定外，其他的参数都是在设计中确定好的已知量。所以，要预测运行速度的大小，就必须先确定横向加速度的大小。

2) 横向加速度与平曲线半径的拟合关系。

横向加速度的大小是衡量舒适性的一个重要指标，为了保证汽车连续而舒适地通过曲线路段，该路段的横向加速度大小不能过大。横向加速度的大小不仅与平曲线半径 R 有关，而且与重力加速度 g 等其他因素有关，但是考虑到重力加速度等因素对横向加速度的影响很小，因此这里只考虑平曲线半径 R 对横向加速度的影响。

关于横向加速度 a_h，德国学者通过试验得到这样的结果：$a_h = 1.8 \text{ m/s}^2$，一般值，感觉不显著；$a_h = 3.6 \text{ m/s}^2$，能感觉到，可以忍受；$a_h \geq 5.0 \text{ m/s}^2$，不能忍受。本书从连续性和舒适性角度出发研究公路的几何线形，对横向加速度这个衡量指标控制比较严格，采用 $a_h = 3.0 \text{ m/s}^2$ 作为横向加速度的上限，此时对应的半径为极限最小半径。当 $R > 600 \text{ m}$ 时，车速基本保持不变，此时圆曲线路段可相当于直线路段。因此，可以认为，$R > 600 \text{ m}$ 时，曲线路段的横向加速度接近于 0。

由于道路线形和汽车的行驶轨迹是连续的，横向加速度的值也是连续的。因此可以采用恰当的模型拟合从极限最小半径到直线或大半径曲线所对应的横向加速度值的分配。由于各级公路的极限最小半径、一般最小半径和不设超高的最小半径都不相同，所以横向加速度 a_h 与平曲线半径 R 对应于不同等级的公路具有不同的关系式。当 $v = 40 \text{ km/h}$ 时，极限最小半径为 60 m，一般最小半径为 100 m。因此，横向加速度 a_h 与平曲线半径 R 的对应关系如表 4.4 所示。

表 4.4　　设计速度 40 km/h 双车道公路的横向加速度与半径对应关系表

平曲线半径 R（m）	60	100	600
横向加速度 a_h（m/s²）	3.0	1.8	0.5

另外，还有一个隐含的已知条件，即横向加速度随着半径的增大，单调递减而达到最小。由此得出横向加速度 a_h 与平曲线半径 R 的拟合关系，如图 4.4 所示。

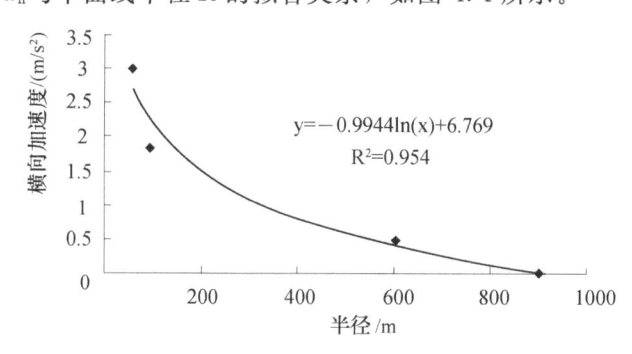

图 4.4　横向加速度与平曲线半径拟合关系曲线（$v=40$ km/h）

图 4.4 中，设计速度为 40 km/h 的双车道公路横向加速度 a_h 与平曲线半径 R 的拟合关系式为：

$$a_h = -0.9944\ln(R) + 6.769 \quad 60 \leqslant R \leqslant 600 \tag{4.13}$$

同理，设计速度分别为 30 km/h 和 60 km/h 的双车道公路，横向加速度 a_h 与平曲线半径 R 的拟合关系如表 4.5 所示。

表 4.5　　设计速度 30 km/h 和 60 km/h 双车道公路的横向加速度与半径拟合关系表

设计速度/(km/h)	拟合关系式	R^2 值	适用范围/m
$v=30$ km/h	$a_h = -1.0826\ln(R) + 6.8173$	0.9463	$30 \leqslant R \leqslant 600$
$v=60$ km/h	$a_h = -1.1138\ln(R) + 8.075$	0.9482	$125 \leqslant R \leqslant 600$

运用拟合关系式可以求出为了保证车辆运行的连续性和舒适性，不同半径所对应的横向加速度值，进而计算出运行速度值。由于得到的运行速度单位是 m/s，为了便于比较，要将单位换算成 km/h，得到 v''_{85}：

$$v''_{85} = 3.6 \times \sqrt{\dfrac{a_h \cdot \sqrt{h_c^2 + b^2} + gh_c}{bk}} \quad (\text{km/h}) \tag{4.14}$$

根据公式（4.4），将 v'_{85} 与 v''_{85} 比较，选取最小值作为此路段由平面和横断面控制的预测运行速度值。

（2）几条连续小半径曲线的 $v_{85\text{平}}$ 计算

当满足表 4.3 半径范围要求的几条小半径曲线相连时，将这几条小半径曲线作为一个分析单元，由图 4.1 查得平曲线半径所对应的运行速度。其中特征半径值 R 考虑相邻曲线影响，采用如下方法确定。

由几何学知识可知圆曲线上的曲率为：

$$k = \dfrac{1}{R} = \dfrac{\alpha}{L} \tag{4.15}$$

式中　　k——曲线的曲率，m^{-1}；
　　　　R——圆曲线半径，m；
　　　　α——曲线的转角，弧度；
　　　　L——曲线长度，m。

因为 k 表示圆曲线的弯曲程度，实际为圆曲线单位长度上的角度变化值，这与角度变化率 CCR 的定义基本相似，因此可以近似地认为 CCR 等于 k。可以先计算具有相似特征线形要素的相关路段上的角度变化值，然后利用公式（4.2），反算 CCR 值，即相似路段的特征曲率 k，由公式（4.15），即得到相似路段的特征半径 R 值。

重复前述过程，考虑汽车在小半径曲线上行驶时的横向稳定性和舒适性要求，综合平面和横断面设计要素，预测运行速度值。将 v'_{85} 与 v''_{85} 比较，选取最小值作为此路段由平曲线控制的运行速度 $v_{85平}$，即：$v_{85平}=\min(v'_{85},\ v''_{85})$。

(3) $v_{85平}$ 计算实例

为了更好地阐述 $v_{85平}$ 的计算方法，选取内蒙古 S203 公路 K467+646～K468+660 的一段公路平面线形，如图 4.5 所示，进行 $v_{85平}$ 的预估，具体计算过程如下：

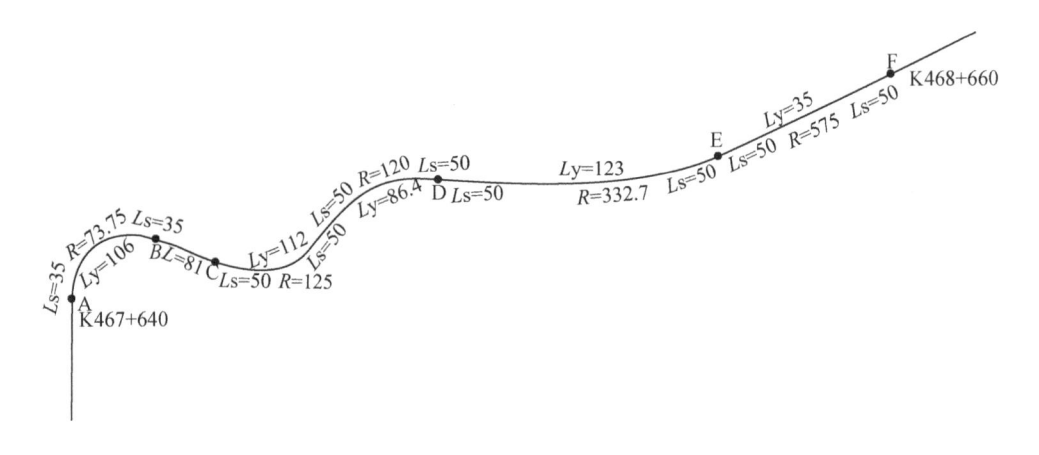

图 4.5　内蒙古 S203 线三级公路 K467+646～K468+660 段平面图

1) 按表 4.3 的路段半径范围数值，将 K467+646～K468+660 路段划分为 A～F 五个分析路段单元进行线形连续性分析。

2) 如图 4.6 所示，利用公式（4.2），依次计算各曲线段上的 CCR 值：$CCR_{AB}=0.010863$，$CCR_{CD}=0.0061061$，$CCR_{DE}=0.0023318$，$CCR_{EF}=0.001095$。

3) 如图 4.7 所示，由 v'_{85} 和 v''_{85}，预测 $v_{85平}$ 值：$v_{85平AB}=39$ km/h，$v_{85平AB}=44$ km/h，$v_{85平AB}=49$ km/h，$v_{85平AB}=50$ km/h；BC 段为长度小于 160 m 的短直线，认为在此路段上车辆运行车速保持不变，因此 $v_{85平BC}=39$ km/h。

3. 纵坡路段影响

当纵坡坡度大于 2%、坡长大于 500 m 或当纵坡坡度大于 3%、坡长大于 300 m 时，应对小客车和大货车的运行速度 $v_{85平}$ 进行修正。通过实地调查数据分析，同时参考我国《公路项目安全性评价规范》中高速公路和一级公路在特殊纵坡下对小客车和大货车的运行速度修正值，双车道公路在特殊纵坡下对小客车和大货车的运行速度调整值见表 4.6。

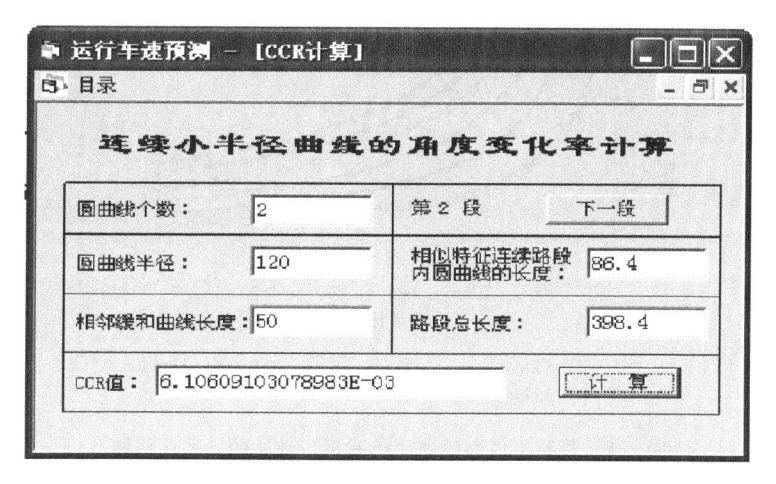

第 4 章 双车道公路线形连续性与行车安全 · 59 ·

图 4.6 曲率变化率计算界面图

图 4.7 平面线形确定的运行速度计算界面图

表 4.6 特殊纵坡下各种车型运行速度的修正

纵坡坡度		速度调整值	
		小客车	大货车
上坡	坡度≤4%	每 1000m 降低 5 km/h	按图 4.8 所示的速度折减量与坡长关系曲线进行调整
	坡度>4%	每 1000m 降低 8 km/h	
下坡	坡度≤4%	每 500m 增加 5 km/h 至期望速度	每 500m 增加 8 km/h 至期望速度
	坡度>4%	每 500m 增加 8 km/h 至期望速度	每 500m 增加 10 km/h 至期望速度

4. 其他影响因素的修正

在运行速度预测模型中，主要考虑的是道路线形条件和汽车行驶的动力因素，实际上驾驶人自身的生理、心理状况和路侧周围环境以及交通条件、气候条件等因素对运行速度都会产生一定的影响，而这些因素只能作定性描述而不能作定量计算。所以，为了使预测模型能更好的与实际情况相符合，引入影响系数 K 来修正这些因素对运行速度的影响。

通过调查分析发现，平曲线半径选取一般最小半径 2 倍以上数值时，能够较好地满足线形

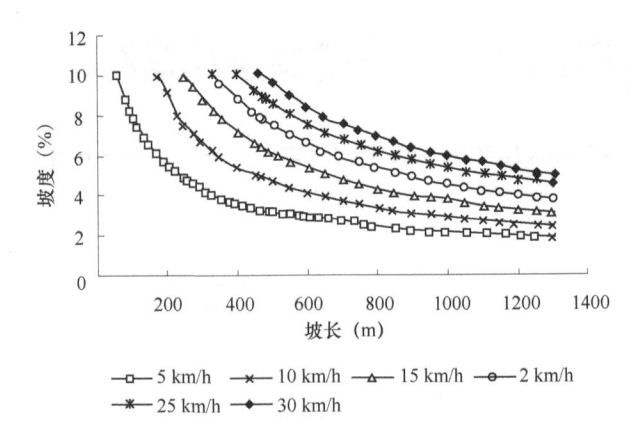

图 4.8 货车上坡路段速度折减量与坡长的关系曲线图

连续性方面的要求,此时得出的车速与实际运行速度相接近。综合各方面因素,以圆曲线半径 R 为分界指标:当 $R<200$ m 时,取影响系数 $K=0.85$;当 $200\ m \leqslant R \leqslant 600\ m$ 时,影响系数 $K=0.9$;当 $R>600$ m 时,可不做修正,即 $K=1.0$。

4.3.3 计算实例

1. 运行速度预测

内蒙古 S203 线 K463+791～K468+994.5 路段平面线形数据如表 4.7 所示。

表 4.7 内蒙古 S203 线运行速度预测路段平面线形数据

序号	转角	平曲线起点桩号	平曲线终点桩号	平曲线半径/m	缓和曲线长度/m	平曲线长度/m
1	20°03′15″	K463+791	K463+928	260	35	126
2	30°36′06″	K463+997.8	K464+085.6	155	35	117
3	−10°26′51″	K464+115.0	K464+279.3	900	50	164
4	20°03′15″	K464+354.2	K464+465.2	3000		111
5	−59°00′16″	K464+465.2	K464+603	100	35	138
6	−10°32′00″	K464+603	K464+675	200	35	72
7	147°04′05″	K464+675	K464+887	68.96	35	212
8	−68°58′12″	K464+887	K465+089	126	50	202
9	−13°48′39″	K465+089	K465+201	320	35	112
10	11°58′02″	K465+266	K465+355	260	35	89
11	−8°21′28″	K465+355	K465+482	630	35	127
12	−2°08′47″	K465+712	K465+794.4	2200		82.4
13	−85°35′52″	K465+837.8	K465+979.8	72	35	142
14	−16°46′03″	K465+979.8	K466+090.8	260	35	111
15	−22°16′03″	K466+124	K466+265	275	35	141

续表

序号	转角	平曲线起点桩号	平曲线终点桩号	平曲线半径/m	缓和曲线长度/m	平曲线长度/m
16	80°12′11″	K466+356	K466+559	120	35	203
17	−15°00′00″	K466+559	K466+646	200	35	87
18	109°30′29″	K466+646	K466+822	73.75	35	176
19	−73°58′30″	K466+903	K467+115	120	50	112
20	65°07′10″	K467+115	K467+301.4	120	50	186.4
21	−29°51′48″	K467+301.4	K467+524.4	332.70	50	223
22	−8°28′29″	K467+524.4	K467+659.4	575	50	135
23	−35°27′22″	K467+659.4	K467+833.2	200	50	173.8
24	−19°22′34″	K467+833.2	K467+986.7	306	50	153.5
25	−35°27′45″	K467+986.7	K468+228.6	310	50	241.9
26	−25°43′11″	K468+461.1	K468+552.1	125	35	91
27	−73°59′03″	K468+783.0	K468+994.5	125	50	211.5

应用本书提出的运行速度计算方法，通过线形连续性分析，找出线形不连续的地点。按照运行速度分析路段的划分原则，对内蒙古 S203 线 K463+791～K468+994.5 路段进行路段单元的划分。该试验路段起点的初速度取设计速度 40 km/h，对相应路段的运行速度进行预测，并与实测运行速度进行比较，如表 4.8 所示。

表 4.8　S203 线 K463+791～K468+994.5 路段预测与实测运行速度值

序号	桩号	预测运行速度/(km/h)	实际运行速度/(km/h)
1	K463+791	40	40
2	K464+085.6	45	44
3	K464+279.3	50	52
4	K464+465.2	59	62
5	K464+603	50	51
6	K464+675	48	50
7	K464+887	38	37
8	K465+089	45	42
9	K465+355	47	43
10	K465+482	50	47
11	K465+794.4	60	50
12	K465+979.8	42	35
13	K466+265	39	40
14	K466+646	35	42
15	K466+822	32	40
16	K467+301.4	34	44
17	K467+524.4	35	43
18	K467+659.4	40	42
19	K468+228.6	48	40
20	K468+994.5	55	38

在同一坐标系中绘出上述预测运行速度和实测运行速度的比较图，如图 4.9 所示，图中里程桩号加上 463 km 即为实际里程桩号。

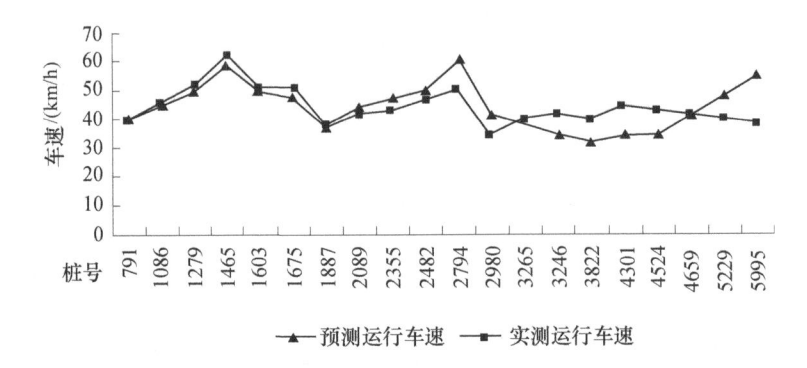

图 4.9　S203 线 K463+791～K468+995 路段预测与实测运行车速比较分析图

通过预测结果和在试验路段上观测的数据结果比较分析，可以得到这样的结论：预测运行速度总体来说比较接近实测运行速度，但是在某些路段偏差较大。分析原因，主要有以下几个方面。

1) 桩号 K463+791～K465+794.4 为连续长下坡路段，在此路段前半段的预测结果与实测结果能较好地接近，而后半段偏差较大，即后半段的预测结果明显高于实测结果。驾驶人调查问卷分析表明，原因之一是在此长下坡路段行驶过程中，一般驾驶人会小心开车，以确保安全，所以在下坡过程中不可避免地要不停地刹车，而预测模型未考虑刹车对运行速度的影响，使得预测结果比实测结果偏大；原因之二是此路段为急弯陡坡路段，是事故多发地带，路段上现有的警示危险的标志对行驶在该路段上的驾驶人也起到了一定的警告作用，所以实测结果小于预测结果。如图 4.10 所示。

图 4.10　S203 线危险路段警告标志

2) K465+979.8～K467+524.4 为上坡路段，平均纵坡度为 3%，对车辆正常行驶影响不大，因此实测车速略高于预测车速。

3) 在 K467+524.4～K468+994.5 下坡路段上，按正常情况车速是慢慢加大的，但由于驾驶人知道在实验路段的终点有小半径曲线，再加上在此平均坡度为 6% 的陡坡段上，车辆在以超过设计车速 40 km/h 的运行速度行驶，潜在的危险性很大。所以大多数驾驶人从安全角度出发，在快到终点前开始减速通过终点,从而在接近试验路段的终点位置预测值与实测值偏差较大。

2. 线形连续性分析和评价

S203 线 K463+791~K468+994.5 路段预测运行速度和实测运行速度的分析结果表明,尽管预测值和实测值存在一定偏差,但是预测结果与实测结果基本保持一致,预测结果是比较满意的。因此,可以利用运行速度预测模型对公路线形的连续性进行分析,以确保道路设计的安全、连续和舒适。

从图 4.9 可以看出,在此路段上存在着三处不同程度的速度突变点,分别为 K464+603、K464+887、K465+979.8,即公路线形存在不连续的情况。从该路段平面线形数据可以看出,出现速度不连续的主要原因是在弯道处的圆曲线半径设计过小,或者路段纵坡设计不合理造成的。在 K464+603、K464+887 和 K465+979.8 三处的平曲线半径分别为 100 m、68.96 m 和 72 m。由于路段的设计几何要素不足以满足驾驶人预期的运行速度行驶而导致突然刹车,从而引起速度突变。

在上述出现速度突变点的路段中,以 K465+794.4~K465+979.8 路段最为突出,在 K465+794.4 处预测运行速度为 60 km/h,在 K465+979.8 处由于设置了 $R=72$ m 的小半径圆曲线,因此 K465+979.8 处的预测运行速度为 42 km/h,在近 180 m 的距离内速度减少了 18 km/h。按照我国线形连续性评价标准,符合公路线形不连续的主要特征,同时按照 Leich 的研究成果,也属于线形不连续的情况。实测运行车速结果也说明了同样的问题,在 K465+794.4 处实测运行速度为 50 km/h,到 K465+979.8 处运行速度减少了 15 km/h,实测调查数据表明此处为线形不连续路段。其他两处速度突变段按照线形评价标准,均属于线形不协调情况,条件允许时宜适当调整相邻路段技术指标,使运行速度的差值小于或等于 10 km/h。

S203 线公路交通事故资料表明,在 K463+791~K468+994.5 路段存在着两处事故多发点,分别在 K464+887 和 K465+979.8 处,而这恰恰与线形连续性分析结果相一致,也说明了本研究预测结果的准确性。

第 5 章

双车道公路超车行为安全评价

本章主要介绍双车道公路超车过程中的交通冲突现象，明确交通冲突时间的概念，分析交通冲突严重程度的模糊特征。确定双车道公路超车试验所需采集的样本量并设计试验方案，对试验数据进行统计和分析。基于模糊数学理论，采用指派法建立交通冲突的隶属度函数；基于德尔菲法，提出基于冲突时间的双车道公路超车安全评价方法。

5.1 交通冲突与模糊评价

5.1.1 交通冲突

当双车道公路交通量与大车比例达到一定数值的时候，超车需求必然增多，所以，如果没有可利用的超车道进行超车，驾驶人必然会选择借助对向车道超车，一旦判断失误，就极有可能发生交通事故。

定义超车冲突时间如下：从驾驶人超车完毕驶回本向车道开始，至与对向车辆相遇的时间差，称为超车冲突时间。

本研究的试验是在安全超车的基础进行设计和开展的，所以利用试验中采集的交通冲突时间和隶属度是偏保守的，更利于行车安全。

5.1.2 模糊评价

1. 模糊数学理论

模糊数学是研究和处理模糊性现象的一种数学理论和方法。经典数学的特征是精确性，结论是确定无疑的，然而在生活中，有许多事情并不是十分精确的，例如"高、矮、胖、瘦""黎明、傍晚""经济繁荣、经济萧条"的概念等，除此之外，许多科学领域也存在着模糊的、不精确的概念，这就促成了模糊数学的产生和发展。

数学集合是一些具有某种特定相同性质的对象的总体。这种性质是明确的、界限分明的，某个对象对于一个集合的隶属关系只有两种，即"属于"和"不属于"。模糊集合就是具有某种模糊概念性质的对象组成的全体，由于性质的概念本身就是模糊的、不清晰的，所以对象对于模糊集合的隶属关系也不是只有"属于"和"不属于"两种关系，还有一种"中介状态"。

可以用类似数学上的集合关系来更直观地描述这种"中介状态"：首先假设一个论域 U，论域 U 上有一个模糊集合 $\tilde{A}$，长度为单位长度的线段 x 称为元素，如图 5.1 所示。当 x 完全落在 $\tilde{A}$ 内时，称 x 属于 $\tilde{A}$，记为 1；当 x 完全落在 $\tilde{A}$ 外时，称 x 不属于 $\tilde{A}$，记为 0；当 x 一部分落在 $\tilde{A}$ 内，一部分落在 $\tilde{A}$ 外时，称 x 的状态为"中介状态"，x 落在 $\tilde{A}$ 内的长度表明了线段对于 $\tilde{A}$ 的隶属程度，这时，为了描述这种"中介状态"，必须把线段对于 $\tilde{A}$ 的这种"属于和不属于"的绝对隶属关系扩充为不同程度的相对隶属关系，即把 $\tilde{A}$ 的特征函数的值域从 $\{0,1\}$ 扩充为 $[0,1]$。

2. 交通冲突程度的模糊性

利用超车冲突时间的长短可以评价交通冲突的严重性，超车冲突时间越短，则超车的危险性越高，即交通冲突的程度越严重。

可以依据交通冲突时间的长短来把交通冲突程度划分严重冲突、一般冲突和轻微冲突，但是每两个等级之间的分界值却无法给出严格的确定值，这就是交通冲突程度的模糊性。

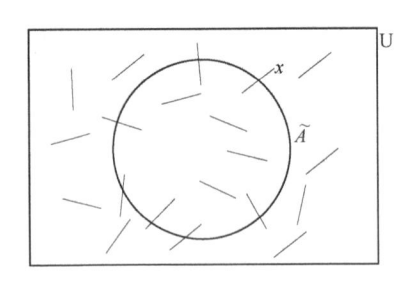

图 5.1　模糊子集直观示意

所以，本章将基于模糊冲突理论，建立超车冲突时间的隶属度函数，然后根据隶属度函数确定严重冲突、一般冲突和轻微冲突所对应的超车冲突时间的范围。

5.2　试验方案与数据分析

5.2.1　影响因素分析

如前所述，双车道公路超车只能借助对向车道完成，与其他形式的公路相比，超车的危险性更高，所以实车试验具有一定的危险性，为了避免在试验过程中发生交通事故，需要全面分析影响试验进行和试验结果的各种因素，在试验前做好充分的准备工作，以保证试验的顺利进行。无论交通状况如何复杂，道路交通系统的组成要素为人、车、路和环境，交通事故的影响因素也可以归纳为这四方面，所以下面将分别从这四方面进行对试验影响的分析。

1. 驾驶人

驾驶人是道路交通系统中最复杂的因素，人的一系列特性可以对驾驶行为产生很大的影响，最明显的两个方面就是驾驶人的个人特性和驾驶技能及素质特性，两者都会影响驾驶人的驾驶状态及应对反应能力，从而影响车辆的运行状况和行驶安全。

(1) 个人特性

当驾驶人初次申请考取驾驶证或者申请换领新的驾驶证时，都会被要求做一次身体检查，其中非常重要的一项检查就是眼睛检查，因为驾驶人的视觉特性是影响驾驶人驾驶行为最直接的因素，也是最重要的因素。视觉特性又包括视力状况、视觉适应能力、立体视觉、视野、视差和色觉等。良好的视力和视野可以保证驾驶人正常看清道路及道路周边状况，这是保证驾驶安全最基础的要求；视觉适应良好可以保证驾驶人在遇到由明到暗或由暗到明的环境变化时，不会产生长时间的视觉失效，从而保证驾驶安全；色觉是指驾驶人可以分辨物体颜色的能力，在道路上行驶，信号灯要求驾驶人必须具备良好的色觉。除了视觉特性外，驾驶人的心理状况和反应特性也是非常重要的因素。健康的心理状况和快速的反应能力可以保证驾驶人在遇到突发状况时沉着应对，迅速做出判断和采取应对策略，避免发生意外事故。

此外，驾驶人的性别、年龄、性格特征等，也都是影响驾驶人驾驶状态的重要因素。一般来讲，男性驾驶人比女性驾驶人的操作稳定性和应对突发状况的能力更强，女性驾驶人在遇到紧急状况时容易出现紧张慌乱，进而手忙脚乱的状况；驾龄一般与年龄相关，但不是绝对的相关关系，驾龄长的驾驶人操作更熟练和稳定，有相关调查表明，驾驶人的最佳驾驶年龄在22岁与 45 岁之间。

(2) 驾驶技能和素质

当驾驶人的身体状况良好时，对驾驶人的另一个要求便是驾驶技能和素质。只有当驾驶人通过学习具备了驾驶车辆的能力才能保证行车安全，同时，驾驶人必须具备良好的驾驶素质和高度的警觉性，很多交通冲突的产生是由于驾驶人的粗心大意、走神、判断失误及不遵守交通规则等造成的，所以驾驶过程中时刻保持注意力集中，不随意跟车、超车，不超速驾驶，遵守交通规则和标志标线指示等，都是保证驾驶安全顺利的重要条件。

2. 车辆

在道路交通系统中，驾驶人是关键因素，但是车辆是运动的主体，人靠操作车辆完成从一个地方到另一个地方的移动，所以车辆必须具备良好的性能，才能完成这一过程。

(1) 动力性

汽车的动力性主要通过速度的大小来体现，一般用汽车在路面状况良好的情况下直线行驶时所能达到的平均行驶速度来表示，汽车动力性的常用三个评定指标为最大速度、爬坡能力和加速能力。因本书的研究对象是双车道公路，其设计速度不大于 80 km/h，所以最高速度不作为对试验车辆主要的要求，但是在车辆的加速能力和爬坡能力必须保证。

(2) 制动性

汽车的制动性能是保证汽车安全的最重要的性能，因为当汽车行驶过程中出现意外情况时，如果车辆可以及时制动，大部分情况下可以避免事故的发生或减轻损伤程度。制动性能的好坏影响汽车遇到紧急状况时的安全性，即制动性能好则能迅速停车，否则将发生事故；另外，制动性能的好坏还影响汽车在下长坡时的速度稳定和方向稳定。制动性是保证车辆行驶安全非常重要的性能，良好的制动性可以保证车辆正常减速，并且按道路轨迹行驶，不发生侧滑、跑偏或倾翻等失去方向性的现象。

此外，制动的稳定性也十分重要。汽车在行驶过程中，驾驶人根据道路环境状况随时可能采取制动措施，制动过程中制动装置难免产生发热的现象，这时就要求汽车的制动性能具有良好的热稳定性。另外，当路面状况有积水时，汽车行驶过程中制动器上可能会被溅起的积水浸湿，又因为路面上的积水，汽车轮胎与路面的摩擦系数小，如果制动性能的水稳定性不好，雨天更容易发生交通事故，所以，也必须保证汽车良好的制动水稳定性。

(3) 操控稳定性

汽车的操控稳定性是指驾驶人在轻松自然驾驶的情况下，汽车能按照驾驶人意图的方向行驶，而当遇到外界干扰时，汽车能抵抗干扰并且保持稳定行驶的能力。和制动性一样，操纵稳定性也是保证汽车正常安全行驶的重要指标。良好的操控稳定性可以避免汽车行驶过程中受到干扰后发生方向偏离等现象，从而保证汽车在不同的状况下都可以平稳行驶。

3. 公路条件

双车道公路对应的公路等级均为二级及二级以下公路，因四级公路的设计交通量很小，所以本书的研究对象是二级公路和三级公路。

4. 环境

环境因素中主要的因素就是天气与路面条件，天气条件不但影响驾驶人的视距、路面的摩擦性，而且影响驾驶人的心理状况，本书研究的环境为天气条件与路面状况均为良好。

5.2.2 试验内容与样本量

1. 试验内容

交通冲突技术应用于安全评价,主要是以严重交通冲突代替交通事故进行统计分析,所以,基于交通冲突的安全评价的重要基础就是对交通冲突严重程度的界定,也是交通冲突技术应用内容的重要方面之一。从理论方面来讲,综合速度和距离等多种因素的指标可以更全面地评价冲突的严重程度,但是现实中,由于交通环境和交通流运行状态的复杂性,综合指标的获取比较困难,而且有相关研究表明,当车辆运行速度保持基本稳定时,可以采用单一的指标进行度量。

目前,采用单一指标度量交通冲突严重性的方法主要有两种,时间距离法和空间距离法,即分别用时间和距离作为度量指标的方法。这两种方法有不同的优点和缺点,但是考虑到数据采集的方便性,本书选取时间距离法作为衡量交通冲突严重性的指标。

综上所述,试验方案需要采集的数据主要为超车结束时刻超车车辆与对向车辆间的冲突时间(驾驶人自超车完毕驶回本向车道至与对向车辆相遇的时间差,称为超车冲突时间),另外,由于研究方法采用模糊数学理论,需要构建隶属度函数,所以在超车结束后需要记录驾驶人对超车行为危险性的感受。交通事故与交通冲突的本质十分相似,都是交通不安全行为的表现形式,其不同点只在于是否发生碰撞等危害生命或财产安全的结果,即如果产生了损害结果就是交通事故,否则就是交通冲突。交通冲突越接近交通事故时,其危险性越高,即冲突越严重,此时的超车冲突时间越小,对应的隶属度也越高。所以,把驾驶人对超车行为危险性的感受用交通冲突隶属度表现出来,即驾驶人完成超车后,记录人员向驾驶人询问此次超车的超车冲突隶属度,隶属度属于(0,1),驾驶人感觉超车越危险则隶属度越大,即越接近于1;相反,如果驾驶人感觉超车越安全则隶属度越接近于0。

研究双车道公路附加车道设置的交通条件,首先需要建立超车冲突时间与车速、交通量的关系模型,试验方案同时需要测量超车冲突时间、车速、交通量等数据,超车冲突时间和超车车辆速度及超车时间等数据可以通过试验直接获取或者通过对试验获取的数据进行处理后得到,交通量数据可以通过在试验路段上架设摄像机实现记录。

2. 试验样本量

从建立模型精准的角度讲,试验样本量自然是越多越好,但是试验样本量的增加需要更多的人力、物力和财力,所以平衡这两者,本书将选择能够满足基本要求的试验样本量。

建立多元线性回归方程的样本容量要求大于或等于方程中影响因素的个数,即最小样本容量等于自变量的个数,但是只满足最小样本容量的试验样本量太小,将直接影响参数估计的质量,也会影响建立模型后续工作的进行。经验表明,当试验样本量大于或等于3倍自变量数目,才能满足模型估计的基本要求。

综合考虑各方面因素,决定取样本容量为10。

5.2.3 试验方案

1. 试验设备

(1) 试验车辆

试验车辆采用小型轿车,动力性、制动性及操纵稳定性良好,试验前检查燃油及水位,保证车辆正常运行,满足试验要求。

(2) 数码摄像机

数码摄像机用于观测和记录超车行为所处的交通环境,即交通量和交通组成状况。

(3) 秒表

秒表用于记录超车过程中的各个特征时刻。

(4) 激光测速仪

激光测速仪用于测量被超车车辆的速度。

2. 试验人员

(1) 驾驶人

在相同的情况下,会不会选择超车,很大程度上取决于驾驶人本身。比如当可超车间隙不是很大时,冒险型的驾驶人可能会选择超车,而保守型的驾驶人则可能选择跟驰,继续等待更大的可超车间隙。另外,超车完成后,对超车危险程度的判定也因驾驶人本身的特性而异,相同冲突时间的超车过程,冒险型驾驶人可能会认为属于轻微冲突,而保守型驾驶人则可能认为属于一般冲突甚至严重冲突。本书选择年龄在 22~45 岁的驾驶人 10 名,男性和女性驾驶人各一半;身体各方面条件和心理状况良好,驾驶经验较丰富,驾龄在 5 年以上,且没有不良驾驶记录;试验前不饮酒、不吃药,且充分理解本试验的试验目的和要求。

(2) 记录人员

本试验需记录人员两名,分别坐于副驾驶座位和后排座位上。要求试验记录人员具有良好的实际动手能力、沟通能力及敏锐的观察力,以在超车试验过程中迅速完成试验数据的测量和记录工作。

副驾驶座位记录人员主要负责记录超车过程中的各特征时刻和试验车辆的超车速度;后排座位记录人员主要负责用激光测速仪测量超车过程中被超车车辆的速度,并在超车结束后询问和记录驾驶人对本次超车行为的感受(超车冲突时间的隶属度)。

3. 试验步骤

如图 5.2 所示,本研究所采用的试验步骤如下:

1) 在试验路段上,被测试驾驶人驾驶试验车辆从试验路段起点出发,遇有超车行为时,试验人员开始记录;

2) 驾驶人发现可接受间隙时,驾驶人告知副驾驶座位上试验记录人员超车意图,副驾驶记录人员记录时刻 t_0;

3) 驾驶人开始超车、进入对向车道时,副驾驶座位上试验记录人员记录时刻 t_1;

4) 驾驶人超车过程中,副驾驶座位上试验记录人员观察试验车辆速度仪表盘的速度 v_1 并记录;

5) 驾驶人超车结束、驶回本向车道时,副驾驶座位上试验记录人员记录时刻 t_2;

6) 试验车辆与对向车辆相遇时,副驾驶座位上试验人员记录时刻 t_3;

7) 超车过程中后排座位上试验记录人员用激光测速仪测量被超车速度 v_2,并在超车结束时刻询问和记录驾驶人对此次超车危险度的感受(隶属度);

8) 遇有下一个超车行为时,重复步骤 2~6,直至试验路段终点;

9) 对下一位驾驶人进行测试,直至所有试验样本测试完毕。

试验记录数据项如表 5.1 所示。

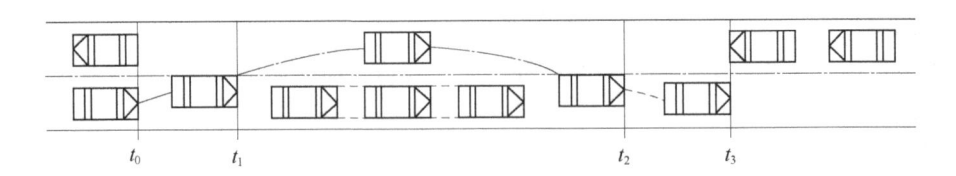

图 5.2 试验需要记录的各特征时刻

表 5.1 试验记录表

试验编号：（　）		试验日期：		驾驶人姓名：	
t_0	t_1	v_1	v_2	t_2	t_3
超车风险性评估：						

5.2.4 数据分析

本次实车试验共收集了试验数据 10 组，经过计算和整理，结果如表 5.2 所示。分析每组在相同设计速度的双车道公路上采集的超车数据可以发现，每组数据内，超车速度与被超车速度之间的差值相差不大时，交通冲突时间与交通量之间的关系呈现简单的线性关系，即交通冲突时间随着交通量的增加而减小；将在不同设计速度的双车道公路上采集的数据进行组与组之间的对比可以发现，超车时间随着超车速度与被超车速度之间差值的增大而增大，而超车速度与被超车速度的差值随着设计速度的增大而增大。在交通量相同的情况下，平均车头时距相同，所以，交通冲突时间随着超车时间的增大而减小。

通过以上分析，可以发现，交通冲突时间有随着交通量的增大而增大，随着设计速度的增大而减小的相关性趋势。

表 5.2 试验数据

编号	交通量 /[veh/(h·ln)]*	超车速度 v_1/(km/h)	被超车速度 v_2/(km/h)	设计速度 v_0/(km/h)	超车时间 t/s	交通冲突时间 t/s	隶属度
1	520	63.8	53.6	80	4	3	0.75
2	361	54.8	49.9	80	6	4	0.65
3	429	69.4	57.6	80	3	5	0.55
4	831	52.2	40.2	60	3	1	0.95
5	465	45.9	40.32	60	6	2	0.9
6	484	54	45	60	4	3	0.8
7	321	27.12	23	40	6	5	0.5
8	210	35.8	30.2	40	7	10	0.05
9	292	30	22.5	30	5	7	0.35
10	217	36.5	30.4	30	7	10	0.1

*veh/(h·ln)：每小时每车道车流量。

5.3 超车安全评价方法

5.3.1 指派法

指派隶属函数的方法是一种相对主观的方法,它是人们在经验总结的基础上形成的。所谓指派法就是首先分析所研究对象的性质,然后把它与已有的函数形式进行比较,选择最为相似的函数形式,然后用试验所得的数据对函数的参数进行标定,最后确定所要求的隶属度函数。

常用的隶属度函数形式如图 5.3 所示。

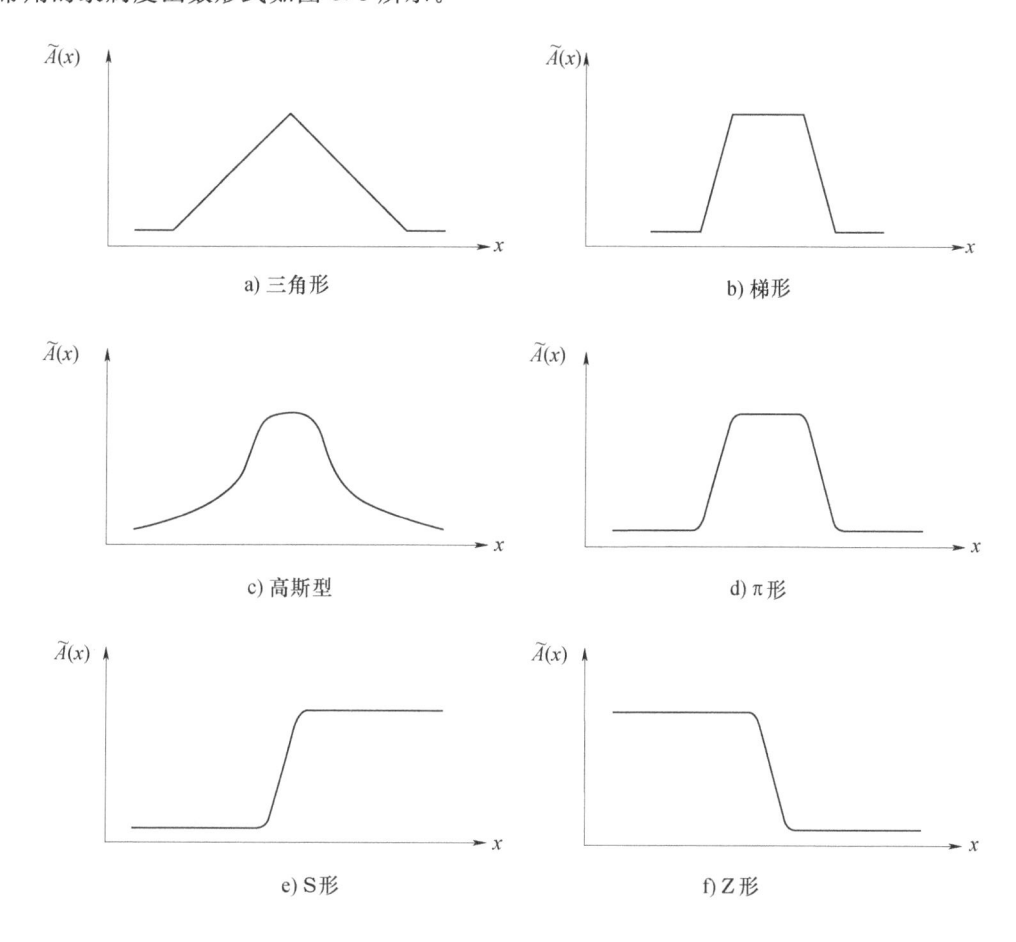

a) 三角形　　b) 梯形　　c) 高斯型　　d) π 形　　e) S 形　　f) Z 形

图 5.3　隶属度函数形式

为了得出交通冲突时间的隶属度函数,首先要对数据进行统计分析。由调查获取的数据可知,交通冲突时间 t_c 的最小值为 1s,最大值为 10s,按照 $1s \leqslant t_c \leqslant 10s$ 的顺序把交通冲突时间与相对应的隶属度数据对进行排列,即(1,0.95)、(2,0.9)、(3,0.8)、(3,0.75)、(4,0.65)、(5,0.5)、(5,0.55)、(7,0.3)、(10,0.1)、(10,0.05),以超车冲突时间为横坐标,调查所得的隶属度为纵坐标,绘制隶属度函数的大致趋势曲线 $\tilde{A}(x)$,$\tilde{A}(x)$ 曲线就是交通冲突隶属函数的雏形,如图 5.4 所示。

分析交通冲突时间和隶属度的关系以及结合图 5.4 可以看出,超车交通冲突的分布是一种单调递减的函数形式,符合 Z 形隶属度函数形式,所以选择柯西分布函数作为交通冲突时间的隶属度函数。柯西分布的函数形式为:

$$\widetilde{A}(x) = \begin{cases} 1, & x \leq a \\ \dfrac{1}{1+\alpha(x-a)^\beta}, & x > a \quad (\alpha > 0, \beta > 0) \end{cases} \tag{5.1}$$

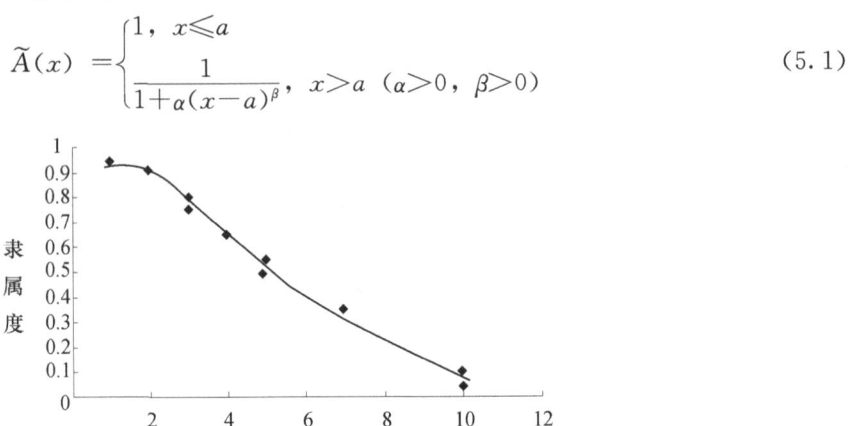

图 5.4 隶属度函数趋势曲线

由图 5.4 可知,$a = 2$ s,首先假设隶属度函数里的参数 $\alpha = 1$,$\beta = 2$,则隶属度函数为:

$$\widetilde{A}(x) = \begin{cases} 1, & x \leq 2 \\ \dfrac{1}{1+1(x-2)^2}, & x > 2 \end{cases} \tag{5.2}$$

可知 $\widetilde{A} = \dfrac{1}{1} + \dfrac{1}{2} + \dfrac{0.5}{3} + \dfrac{0.2}{4} + \dfrac{0.1}{5} + \dfrac{0.06}{6} + \dfrac{0.04}{7} + \dfrac{0.03}{8} + \dfrac{0.02}{9} + \dfrac{0.02}{10}$,则当冲突时间为 3 s 时,隶属度为 0.5,当冲突时间为 4 s 时,隶属度为 0.2,分析试验所得数据可知,不符合实际状况。

修改隶属度函数为:

$$\widetilde{A}(x) = \begin{cases} 1, & x \leq 2 \\ \dfrac{1}{1+\dfrac{1}{2}(x-2)^2}, & x > 2 \end{cases} \tag{5.3}$$

可知 $\widetilde{A} = \dfrac{1}{1} + \dfrac{1}{2} + \dfrac{0.7}{3} + \dfrac{0.3}{4} + \dfrac{0.2}{5} + \dfrac{0.1}{6} + \dfrac{0.08}{7} + \dfrac{0.05}{8} + \dfrac{0.04}{9} + \dfrac{0.03}{10}$,则当冲突时间为 3 s 时,隶属度为 0.7,与试验数据比较符合,但当冲突时间为 4 s 时,隶属度为 0.3,仍然不符合实际状况,这说明修改后有所改善,但是还需要进一步修改。

进一步修改隶属度函数为:

$$\widetilde{A}(x) = \begin{cases} 1, & x \leq 2 \\ \dfrac{1}{1+\dfrac{1}{5}(x-2)^2}, & x > 2 \end{cases} \tag{5.4}$$

可知 $\widetilde{A} = \dfrac{1}{1} + \dfrac{1}{2} + \dfrac{0.83}{3} + \dfrac{0.56}{4} + \dfrac{0.36}{5} + \dfrac{0.24}{6} + \dfrac{0.17}{7} + \dfrac{0.12}{8} + \dfrac{0.09}{9} + \dfrac{0.07}{10}$,则当冲突时间为 3 s 时,隶属度为 0.83,当冲突时间为 4 s 时,隶属度为 0.56,当冲突时间为 6 s 时,隶属度

0.24，都比较符合实际状况，所以，最后确定交通冲突的隶属度函数为：

$$\widetilde{A}(x) = \begin{cases} 1, & x \leq 2 \\ \dfrac{1}{1+\dfrac{1}{5}(x-2)^2}, & x > 2 \end{cases} \tag{5.5}$$

5.3.2 隶属度范围确定

由于交通冲突程度的模糊性，无法给出冲突程度两个分级之间严格明确的分界值，所以拟采用德尔菲法，确定严重冲突、一般冲突和轻微冲突所对应的隶属度范围，带入交通冲突隶属度函数求得对应的交通冲突时间，得到超车安全评价方法。

为了确定严重冲突、一般冲突和轻微冲突所对应的隶属度范围，需要确定每两个分级之间的分界值。首先选择合适的专家，并向他们详细说明本次调查的背景、主要目的、交通冲突的定义、交通冲突隶属度的含义等相关信息，然后请专家对交通冲突程度每两个分级之间的分界值进行第一次预测，并说明自己的理由；然后将第一次预测的结果和专家的意见进行汇总，再全部分发给每位专家，进行第二次预测，如此再反复一次，得到最终的较为全面的专家预测值，如表 5.3 所示。

表 5.3　　　　　　　　　　德尔菲法第三次调查结果

专家编号	轻微冲突与一般冲突隶属度分界值			一般冲突与严重冲突隶属度分界值		
	最小值	最合理值	最大值	最小值	最合理值	最大值
1	0.2	0.3	0.4	0.5	0.7	0.8
2	0.1	0.3	0.5	0.3	0.6	0.8
3	0.4	0.5	0.6	0.6	0.7	0.8
4	0.45	0.5	0.55	0.85	0.9	0.95
5	0.3	0.4	0.5	0.7	0.75	0.8
6	0.1	0.25	0.5	0.5	0.75	0.9
7	0.2	0.3	0.4	0.5	0.8	0.9
8	0.2	0.3	0.4	0.7	0.8	0.9
平均值	0.24	0.36	0.48	0.58	0.75	0.86

在预测时，因为最后一次预测是在综合了前几次反馈意见的基础上做出的，所以预测时可以最后一次预测为主。

(1) 平均值预测

按照 8 位专家第三次预测结果的平均值计算，则轻微冲突与一般冲突、一般冲突与严重冲突隶属度的分界值分别为：

$$(0.24+0.36+0.48)/3 = 0.36$$
$$(0.58+0.75+0.86)/3 = 0.73$$

(2) 加权平均预测

将 8 位专家第三次对交通冲突等级分界值的最小值、最合理值和最大值的预测结果分别按 0.2、0.6、0.2 的概率进行加权平均，则轻微冲突与一般冲突、一般冲突与严重冲突隶属度的分界值分别为：
$$0.24 \times 0.2 + 0.36 \times 0.6 + 0.48 \times 0.2 = 0.36$$
$$0.58 \times 0.2 + 0.75 \times 0.6 + 0.86 \times 0.2 = 0.738$$

(3) 中位数预测

首先将8位专家第三次的预测结果按照从小到大排列如下。

1) 轻微冲突与一般冲突。最小值，0.1、0.2、0.3、0.4、0.45；中位数，0.3；最合理值，0.25、0.3、0.4、0.5；中位数，0.35；最大值，0.4、0.5、0.55、0.6；中位数，0.525。

2) 一般冲突与严重冲突。最小值，0.3、0.5、0.6、0.7、0.85；中位数，0.6；最合理值，0.6、0.7、0.75、0.8、0.9；中位数，0.75；最大值，0.8、0.9、0.95；中位数，0.9。

将8位专家第三次对交通冲突等级分界值的最小值、最合理值和最大值的预测结果分别按0.2、0.6、0.2的概率进行加权平均，则轻微冲突与一般冲突、一般冲突与严重冲突隶属度的分界值分别为：

$$0.3 \times 0.2 + 0.35 \times 0.6 + 0.525 \times 0.2 = 0.375$$
$$0.6 \times 0.2 + 0.75 \times 0.6 + 0.9 \times 0.2 = 0.75$$

综合以上三种分析方法可以发现，轻微冲突与一般冲突、一般冲突与严重冲突隶属度的分界值分别在0.37和0.74左右，对于分界值的归属等级，从偏安全的角度出发，都归于冲突等级更高的一侧，所以，确定轻微冲突、一般冲突与严重冲突隶属度范围分别为(0，0.37)、[0.37，0.74)和[0.74，1)。

5.3.3 交通冲突隶属函数确定

由5.3.1的分析可知，交通冲突隶属度函数为：

$$\widetilde{A}(x) = \begin{cases} 1, & x \leqslant 2 \\ \dfrac{1}{1 + \dfrac{1}{5}(x-2)^2}, & x > 2 \end{cases}$$

而轻微冲突、一般冲突与严重冲突隶属度范围分别为(0，0.37)、[0.37，0.74)和[0.74，1)，将各交通冲突分级的分界值带入交通冲突隶属度函数可得，严重冲突、一般冲突与轻微冲突对应的交通冲突时间分别为（0 s，3.33 s]、(3.33 s，4.92 s]、(4.92 s，+∞)，但是由隶属度函数可知，当交通冲突时间为8 s时，其隶属度已经接近1，所以当冲突时间大于8 s，认为已经不属于交通冲突范围，则轻微冲突对应的交通冲突时间范围为（4.92 s，8 s]。

第 6 章

双车道公路附加车道设置条件

本章将构建交通冲突时间与设计速度和交通量的关系模型,应用双车道公路超车安全评价方法,确定对应不同设计速度和不同安全等级的设置附加车道的交通量条件。分析双车道公路可以进行超车的单侧路面宽度,给出双车道公路不需设置附加车道的单侧道路富裕宽度临界值;从圆曲线内侧设置附加车道后保证大型车舒适度的角度出发,研究给出双车道公路内侧设置附加车道的最小圆曲线半径条件;从汽车行驶安全角度出发,研究给出双车道公路设置附加车道的最大下坡坡度条件。

6.1 附加车道设置的交通量条件

6.2.1 回归分析理论

1. 基本概念

多元线性回归模型的统计检验主要包括拟合优度检验、方程总体线性的显著性检验、变量的显著性检验及参数的置信区间估计。

拟合优度检验,即检验回归方程对得到的观测数据拟合程度的优劣,其基本思想是:首先建立一个能刻画观测数据与理论分布之间拟合优劣的量,然后根据精度要求确定这个量的临界值,当这个量超过该临界值,则说明在相应的精度下拟合没有达到要求,不能用该理论分布拟合观测数据;否则可以接受。

方程总体线性的显著性检验,即检验自变量与因变量之间的关系是否是线性关系,而且是全部自变量作为整体与因变量的线性关系。当一个线性回归方程通过了拟合优度的检验,可以说明回归方程对观测数据的拟合程度好,可以推测自变量与因变量之间的线性关系,但是推测并不能给出严格的结论,方程的显著性检验则可以给出明确的结论。

变量的显著性检验就是检验每一个自变量对因变量的影响程度如何,影响是否明显。通过了方程的总体线性检验可以说明全部自变量作为整体与因变量的线性关系,但是不能说明每一个自变量对因变量的影响都是显著的,因此,需要检验每一个变量的显著性,如果某一个变量对因变量的影响不明显则应该剔除该变量,建立更简单的模型。

2. 回归拟合

通过对第 5 章的试验数据分析可以看出,交通冲突时间与交通量及设计速度之间的关系呈现出正相关和负相关的趋势,所以,可以初步判断交通冲突时间与交通量和设计速度之间的线性相关关系。而即使交通冲突时间与交通量及车速之间的关系不是线性相关关系,由于它们之间的正相关和负相关趋势也可以转化为线性相关模型进行求解。所以,本书将采用多元线性回归分析法构建超车冲突时间与车速、交通量的关系模型,软件工具选用 SPSS 统计分析软件,多元线性回归分析的步骤如下。

1) 确定变量——明确因变量和自变量。
2) 建立预测模型——根据对自变量和因变量数据的分析,结合已有的相关资料,对自变量和因变量的回归方程做出理论推导或预测,即回归分析预测模型。
3) 进行参数估计——可以采用最小二乘法、最大似然法或者矩估计法等,对回归预测模型的参数进行估计。
4) 模型检验——对回归预测模型进行所有的检验,判断估计的可靠性。

6.2.2 交通冲突时间与交通量关系模型

1. 超车过程分析

车辆在双向双车道公路上行驶，当前方车辆的速度低于后方车辆的速度时，后方车辆只能被动跟驰，而当前方车辆保持稳定的低速行驶，行驶速度与后方车辆的期望速度相差太多，超过后方驾驶人的接受范围时，后方车辆将寻找合适的时机进行超车。首先，后方车辆将观察对向车道的车流状况，当出现合适的间隙时，后方车辆将加速行驶到对向车道，然后以较高的速度超过前方车辆，最后驶回本车道，继续以合适的期望速度前进。超车过程如图 6.1 所示，其中 l 为安全车距。

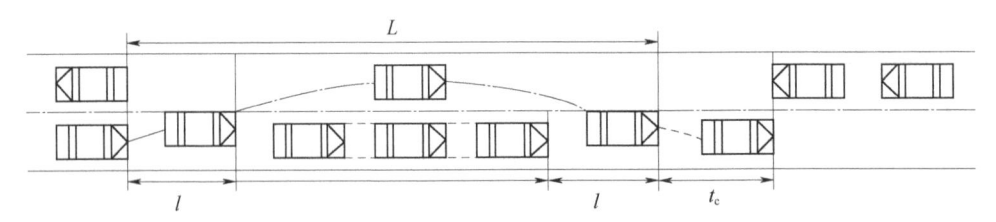

图 6.1 双车道公路超车过程

2. 安全车距

根据《中华人民共和国道路交通安全法》的规定：当机动车行驶在高速公路上时，如果速度大于 100 km/h，则必须保持大于 100 m 的安全距离；如果速度小于 100 km/h，则必须保持不小于 50 m 的安全距离。但是，我国的道路交通安全法只对高速公路上的安全车距做了规定，对于其他等级公路的最小安全车距并没有做出明确的规定。而目前对于安全车距的确定方法主要有两种，一种是"三秒车距"法，即两辆车辆之间的安全车距为车辆以一定速度行驶三秒的距离；另一种则是交通管理部门的解释：当机动车的速度为 60 km/h 时，与其他车辆的安全间距应该大于 60 m；当机动车的速度为 80 km/h 时，与其他车辆的安全间距应该大于 80 m，并且以此类推。

由"三秒车距"法得到的安全车距为 $l=(v/3.6)\times 3\approx 0.83v$，而由交通管理部门的解释得到的安全车距为 $l=v>0.83v$，可知，交通管理部门的解释更安全，因此，本研究取安全车距为 v 的数字。

3. 模型构建

由图 6.1 可知，假设超车过程所需要的时间为 t，距离为 L，超车结束时刻至与对向车辆相遇时刻的时间差为冲突时间 t_c，不超车时小汽车速度为设计速度 v_0，超车速度为 v_1，被超车速度为 v_2，超车完成后继续以设计速度 v_0 行驶，对向车速度为设计速度 v_0，则对向交通流的车头时距应为超车时间、冲突时间、对向车行驶一半冲突距离的时间 t_c（因为超车车辆完成超车后与对向车辆行驶速度相同，均为设计速度 v_0，所以对向车行驶一半冲突距离的时间与冲突时间相同）和对向车行驶超车距离 L 所需的时间之和，即：

$$\frac{3600}{Q}=t+2t_c+a\frac{L}{\dfrac{v_0}{3.6}} \tag{6.1}$$

公式（6.1）中的超车距离 L 按下式计算：

$$L=\frac{v_2}{3.6}t+2l=\frac{v_2}{3.6}t+2bv_0 \tag{6.2}$$

所以，可以完成超车状态下的平衡方程为：

$$c\frac{3600}{Q}=t+2t_c+a\frac{\frac{v_2}{3.6}t+2bv_0}{\frac{v_0}{3.6}}=t+2t_c+a\frac{v_2t+7.2bv_0}{v_0}=t+2t_c+a\left(\frac{v_2}{v_0}t+7.2b\right) \tag{6.3}$$

而超车时间 t 又与超车速度 v_1 和被超车速度 v_2 有关，且与超车速度 v_1 和被超车速度 v_2 的差值成反比，所以假设它们之间的关系为：

$$t=d\frac{1}{(v_1-v_2)} \quad (d>0) \tag{6.4}$$

将公式（6.4）代入公式（6.3）得：

$$t_c=c\frac{1800}{Q}-\frac{1}{2}d\frac{1}{v_1-v_2}-\frac{1}{2}ad\frac{v_2}{v_0(v_1-v_2)}-3.6ab \tag{6.5}$$

令 $1800/Q=A$，$1/(v_1-v_2)=B$，$v_2/[v_0(v_1-v_2)]=C$；$c=p$，$d/2=q$，$ad/2=m$，$3.6ab=n$，则：$t_c=pA-qB-mC-n$。

6.2.3 参数标定与交通量条件

1. 参数标定

首先明确因变量是超车冲突时间，超车冲突时间 t_c 受超车车辆速度 v_1、被超车车辆速度 v_2、设计速度 v_0 以及对向交通量 Q 的影响，所以自变量是速度和对向交通量。由上一节的分析可知，超车冲突时间 t_c 与超车车辆速度 v_1、被超车车辆速度 v_2、设计速度 v_0 及对向交通量 Q 之间的关系模型可以用如下多元线性回归模型描述：

$$t_c=pA-qB-mC-n \tag{6.6}$$

式中　t_c——超车冲突时间，s；

　　　A——平均车头时距的一半，s；

　　　B——超车速度与被超车速度之差的倒数，h/km；

　　　C——超车速度与被超车速度之差的倒数乘以被超车速度与设计速度之比，h/km；

　　　p，q，m，n——回归参数。

由于模型中的变量并不是直接获得的试验数据，需要对试验数据进行整理，整理后的数据如表 6.1 所示。

表 6.1　　　　　　　　　　　　　变量值

序号	t_c/s	A	B	C
1	3	3.46	0.10	0.07
2	4	4.98	0.20	0.13
3	5	4.19	0.08	0.06
4	1	2.17	0.08	0.06
5	2	3.87	0.18	0.12
6	3	3.72	0.11	0.08

续表

序号	t_c/s	A	B	C
7	5	5.61	0.24	0.14
8	10	8.57	0.18	0.13
9	7	6.17	0.13	0.10
10	10	8.28	0.16	0.17

运用统计分析软件 SPSS 进行统计分析，步骤如下。

1）录入数据。将超车冲突时间作为因变量，A、B、C 作为自变量分别输入数据区域，格式如图 6.2 所示。

图 6.2　数据输入界面

2）统计分析。逐一选取"分析""回归""线性"展开对话框，并将 t_c 选入因变量框，将 A、B、C 选入自变量框，如图 6.3 所示。

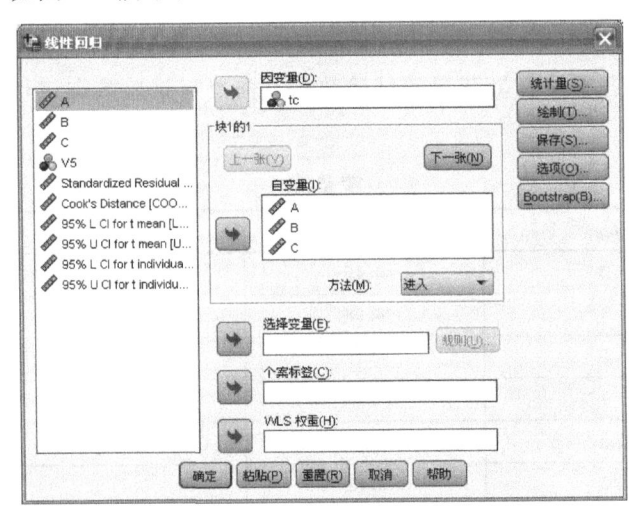

图 6.3　选择变量进入右侧的分析列表

第6章 双车道公路附加车道设置条件

3) 参数设置。逐一设置"统计量""绘制""保存"参数,如图6.4所示;结果如表6.2~表6.5所示。

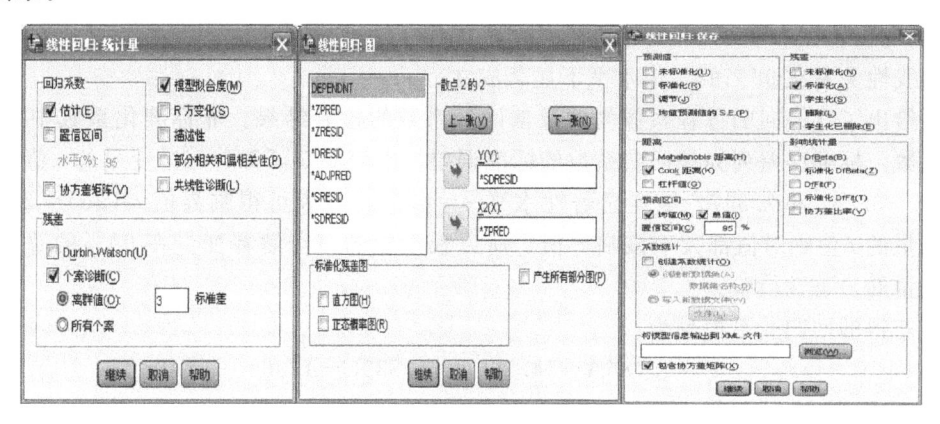

图 6.4 参数设置

表 6.2 选入或删除的变量

模型	输入的变量	移去的变量	方法
1	C、A、B	无	输入

表 6.3 模型汇总

模型	R	R^2	调整 R^2	标准估计的误差
1	0.966	0.933	0.928	0.701

表 6.4 方程配合适度检验结果

模型	平方和	df	均方	F	Sig.
1 回归	246.717	3	82.239	167.423	0.000
残差	17.683	36	0.491		
总计	364.400	39			

表 6.5 系数

模型	非标准化系数 B	非标准化系数 标准误差	标准系数 试用版	t	Sig.
1(常量)	−1.369	0.390		−3.512	0.001
A	1.786	0.086	1.182	20.656	0.000
B	−14.196	4.392	−0.315	−3.232	0.003
C	−6.839	5.076	−0.140	−2.347	0.186

表 6.2 显示了选入的自变量 A、B、C。表 6.3 为模型总结,即拟合优度检验,给出了复相关系数 R、R^2、调整 R^2 及估计值的标准误差。拟合优度检验是检验关于回归方程对得到的观测数据的拟合程度优劣的检验,调整 R^2 越接近于 1,说明拟合的程度越高。从表 6.3 中可以看出,

调整 $R^2=0.928$，说明拟合效果很好。

表 6.4 为方程配合适度检验结果，即方程总体线性显著性检验，由表 6.4 可知，$F=167.423$，给定显著性水平 $\alpha=0.05$，查表可得临界值 $F_\alpha(3, 36)=2.254$，显然 $F>F_\alpha(3, 36)$，表明模型的线性关系在 95% 的置信水平下显著成立。

表 6.5 给出了直线回归方程系数的值及偏回归系数的检验结果。非标准化系数中的 B 列显示了回归系数，标准误差列为偏回归系数的标准误差。由表 6.5 可知，三个变量的 t 值绝对值分别为 20.656、3.232 和 2.347，给定显著性水平 $\alpha=0.05$，查表可得临界值 $t_\alpha(36)=2.029$，显然，三个变量的 t 值绝对值都大于该临界值，所以模型中的三个解释变量在 95% 的置信水平下都通过了变量的显著性检验。

综上，获得的回归关系模型为：

$$t_c = 1.786A - 14.196B - 6.839C - 1.369 \tag{6.7}$$

2. 交通量条件

由公式（6.7）可知，交通冲突时间与超车车辆速度 v_1、被超车车辆速度 v_2、设计速度 v_0 以及交通量 Q 的关系为：

$$t_c = \frac{3215}{Q} - \frac{14.196}{v_1 - v_2} - \frac{6.839 v_2}{v_0(v_1 - v_2)} - 1.369 \tag{6.8}$$

在式（6.8）中，被超车速度和超车速度的大小都与设计速度 v_0 有关。假设被超车速度为设计速度的 x 倍时，后方车辆将进行超车，即当前方车辆的速度降低为设计速度的 x 倍或者更小时，后方车辆将不能容忍跟驰行驶，将选择超车。表 6.6 为设置爬坡车道的容许最低速度，由表可知，在低等级公路上，当爬坡方向的载重汽车速度降低到设计速度的 65% 左右时，可以在上坡方向行车道的右侧设置爬坡车道。参考爬坡车道的设置条件，并考虑爬坡时载重汽车的速度降低比在平坡路段更多，所以 m 值取 65%~75%，即 $v_2 = 0.65 v_0 \sim 0.75 v_0$。分析试验数据可以发现，超车车辆的速度基本上维持在被超车速度的 1.2 倍左右，所以超车速度 $v_1 = 0.78 v_0 \sim 0.9 v_0$。因为交通冲突时间与超车速度与被超车速度的差值成正比，从安全的角度考虑，当超车速度与被超车速度的差值最小时能够安全完成超车，则当超车速度与被超车速度的差值更大时安全性更高，所以，在公式（6.8）中，取 $v_2 = 0.65 v_0$，所以公式变形为：

$$t_c = \frac{3215}{Q} - \frac{143.395}{v_0} - 1.369 \tag{6.9}$$

$$Q = \frac{3215}{t_c + \frac{143.395}{v_0} + 1.369} \tag{6.10}$$

表 6.6　上坡方向最低容许速度

设计速度/（km/h）	120	100	80	60	40
容许最低速度/（km/h）	60	55	50	40	25

在公式（6.10）中，t_c 可根据不同的交通冲突等级确定，再根据不同的设计速度 v_0，可以求得对应不同设计速度和不同安全等级的双车道公路设置附加车道的交通量条件，如表 6.7 所示。

表 6.7　　　　　　　　双车道公路附加车道设置交通量条件　　　　　　单位：veh/(h·ln)

交通冲突等级	设计速度/(km/h)			
	80	60	40	30
轻微冲突	288~398	273~370	248~326	227~290
一般冲突	398~495	370~454	326~388	290~339
严重冲突	>495	>454	>388	>339

因为当交通冲突程度达到严重冲突时，表示双车道公路进行超车已经非常危险，所以当交通量达到一般冲突与严重冲突的分界值时，则建议设置附加车道。

6.2　附加车道设置的横断面条件

道路宽度是影响双车道公路进行超车的主要限制因素，因为本侧道路宽度不够所以才需要借助对向车道进行超车。行车道宽度应该能满足车辆行驶的要求，我国《公路工程技术标准》(JTG B01—2014)中双车道公路行车道宽度的确定考虑了会车时两车厢间的安全间距和汽车后轮边缘距行车道边缘的安全距离，没有考虑超车时同向行驶的两车厢间的安全距离，所以双车道公路在标准横断面宽度下不能满足超车需求。如果两辆车可以进行超车，即应该满足两辆车并列行驶，本节将研究双车道公路可以利用同向车道超车的路面宽度，即研究双车道公路的硬路肩和土路肩宽度达到多少时，将不需要设置附加车道。

6.2.1　理论分析

1. 可以满足同向超车的单侧路面宽度

如图 6.5 所示，可以满足同向超车的单侧路面宽度最小为：

$$B=\frac{1}{2}x+d+y+\frac{3}{2}a+\frac{1}{2}c \tag{6.11}$$

式中　a——车厢宽度，m；

c——汽车轮距，m；

x——反向行驶两车厢间安全距离，m；

d——同向行驶两车厢间安全距离，m；

y——后轮边缘距行车道边缘的安全距离，m。

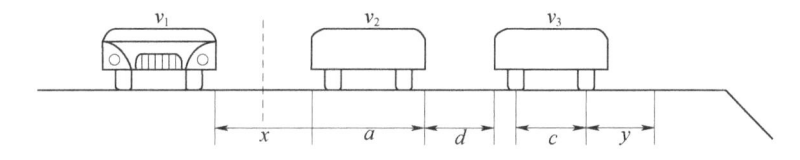

图 6.5　双车道公路同向超车行车道宽度

根据有关试验观测，会车时两车厢间的安全距离 x 与会车速度 v_1+v_2 之间的关系式、同向行驶时两车厢间安全距离 d 与两车速度 v_2、v_3 之间的关系式、汽车后轮边缘距行车道边缘安全距离 y 与汽车行驶速度 v_3 之间的关系式分别为：

$$x = 0.17 + 0.016(v_1 + v_2) \tag{6.12}$$

$$d = 0.000066(v_3^2 - v_2^2) + 1.49 \tag{6.13}$$

$$y = 0.0103v_3 + 0.46 \tag{6.14}$$

2. 会车速度

资料分析表明，当地形条件和线形条件都比较好时，如果路基宽度可以达到 12 m，行车道宽度可以达到 7 m，则两辆车辆进行会车时的平均速度有一个最大值，要达到此最大值要求两辆车会车时的速度相差很小，都在 31 km/h 至 41 km/h 范围内，如果其中一辆会车车辆的速度超出此范围则会导致另一辆车的速度被迫减小到低于此范围，从而使两辆车的平均速度反而降低。所以，从以上分析可以看出，车辆会车时会选择最佳会车速度 42 km/h 左右，计算时，取会车速度值为 45 km/h；另外，当行车道宽度只有 6 m 时，则取值 30 km/h。基于以上参考资料，并参考我国《公路工程技术标准》(JTG B01—2014) 中关于双车道公路行车道宽度的确定，不同设计速度的双车道公路拟采用的会车速度及相应计算 x 值如表 6.8 所示：

表 6.8　　　　　　　　　　反向行驶两车厢间安全距离计算值

设计速度/(km/h)	会车速度/(km/h)	x/m
80	45	2.25
60	40	2.05
40	35	1.85
30	20	1.25

3. 同向行驶速度

据调查，车辆在实际行驶的过程中速度很少达到设计速度，85%～90% 的车辆速度低于设计速度，大概 10%～15% 的车辆超出设计速度，平均的实际行驶速度约为设计速度的 70%～90%。结合已获得试验数据，被超车速度最高时约为设计速度的 75%，此时超车速度约为设计速度的 90%，所以，v_2 和 v_3 分别确定为设计速度的 75%、90%，各不同设计速度下的双车道公路拟采用同向行驶速度及相应计算 d 值和 y 值如表 6.9 所示。

表 6.9　　　　同向行驶两车厢间安全距离及后轮边缘距行车道边缘安全距离计算值

设计速度/(km/h)	v_2/(km/h)	v_3/(km/h)	d/m	y/m
80	60	72	1.6	1.2
60	45	54	1.5	1.0
40	30	36	1.5	0.8
30	22.5	27	1.5	0.7

6.2.2　无须设置附加车道的双车道公路路肩宽度

1. 车厢宽度与汽车轮距

我国《公路工程技术标准》(JTG B01—2014) 中规定设计车辆最大宽度为 2.5 m，但对汽车轮距没有做出明确规定。汽车轮距小于车辆宽度，但与车辆宽度相差不大，从更安全的角度考虑，可以取汽车轮距等于车辆宽度，所以公式 (6.11) 变形为：

$$B \approx \frac{1}{2}x + d + y + 2a \tag{6.15}$$

2. 路肩宽度建议值

根据前述分析及公式（6.15）可以求得对应不同设计速度的双车道公路允许同向超车的路面宽度，减去相应的行车道宽度即可得到需要的路肩宽度，如表 6.10 所示。

表 6.10　　　　　　　不需要设置附加车道的双车道公路路肩宽度要求

设计速度/(km/h)	路面宽度要求/m	设计行车道宽度/m	路肩宽度要求/m
80	8.9	3.75	5.15
60	8.5	3.5	5.0
40	8.2	3.5	4.7
30	7.8	3.25	4.55

我国《公路路线设计规范》（JTG D20—2006）规定设计速度分别为 80 km/h、60 km/h、40 km/h 和 30 km/h 的双车道公路路肩宽度的一般值分别为 2.25 m、1.5 m、0.75 m 和 0.5 m，所以，据表 6.10 可知，设计速度分别为 80 km/h、60 km/h、40 km/h 和 30 km/h 的双车道公路可以进行同向超车而不需要设置附加车道的单侧富余道路宽度分别为 2.9 m、3.5 m、3.95 m 和 4.05 m，即当单侧富余道路宽度达到上述值时，即使交通量条件达到要求，也不需要设置附加车道。

6.3　附加车道设置的平面线形条件

当汽车在圆曲线上行驶时，由于其受到的横向离心力作用，容易发生向外侧滑或倾翻等危险，汽车行驶的稳定性与在直线路段相比会差很多。所以，当圆曲线半径小于一定数值时，应限制车辆超车，即不应设置双车道公路附加车道。

6.3.1　横向力系数分析

1. 横向力系数的计算

为了保证汽车在圆曲线上行驶的安全，一般将圆曲线上的路面做成外高内低的单侧横坡形式，以抵消部分离心力。为了定量描述离心力对汽车横向稳定性影响的大小，汽车行驶理论中引入了横向力系数来衡量稳定性程度，其定义为单位车重所受的横向力，即：

$$\mu = \frac{V^2}{127R} - i_h \tag{6.16}$$

式中　μ——横向力系数；
　　　R——圆曲线半径，m；
　　　V——汽车行驶速度，km/h；
　　　i_h——横向超高坡度。

2. 横向力的不利影响

圆曲线上的横向力对行车产生的不利影响大致包括危及行车安全、增加稳定操纵困难、增加轮胎磨损和燃油消耗和使驾驶人及乘车人产生不适等几个方面。

(1) 危及行车安全

横向力系数中已经考虑了圆曲线超高对抵消离心力的作用,所以剩下的部分离心力需要靠附着力来抵消,因此要求横向力系数小于轮胎与路面间的附着系数,才能保持汽车的平稳运行,否则,汽车将在方向向外的合力下,产生侧滑,危及行车安全。

(2) 增加稳定操纵的困难

汽车在圆曲线上行驶,由于受到离心力的作用,离心力是横向力,所以使得轮胎产生了横向变形,如图 6.6 所示,轮迹与无横向力时相比将产生一个偏移角,增加了汽车方向稳定的操纵困难。

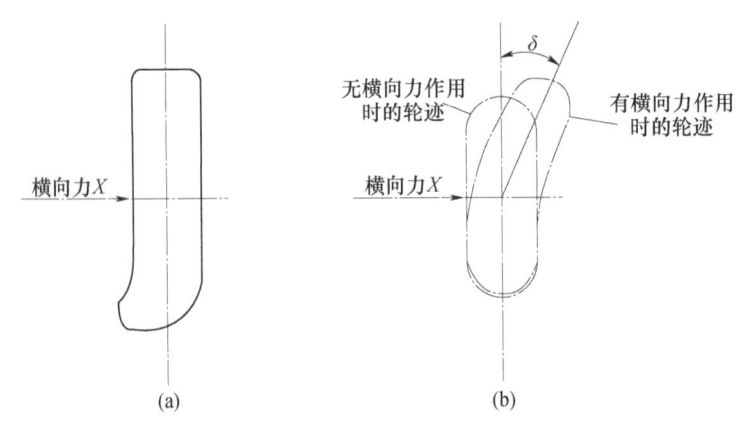

图 6.6 汽车轮胎的横向偏移角

(3) 增加轮胎磨损和燃油消耗

汽车在圆曲线上行驶,当汽车没有发生沿半径方向向外侧的滑移时,汽车在半径方向上受到的附着力为静附着力,而静附着力是随着外力的变化而变化的,由于汽车受到的离心力,而使得与在直线段上行驶相比,所受到的附着力更大,从而加大了轮胎与路面间的摩擦,使得汽车的燃油消耗和轮胎磨损增加,表 6.11 是有关实测损耗数据。

表 6.11 横向力系数与实测损耗

横向力系数/μ	燃油消耗/%	轮胎磨损/%
0	100	100
0.05	105	160
0.10	110	220
0.15	115	300
0.20	120	390

(4) 使驾驶人及乘车人产生不适

汽车在圆曲线上行驶,当圆曲线半径太小时,由于离心力很大(μ 值大),严重影响汽车的稳定性,驾驶人需要采取减速等措施以保证车辆的平稳行驶,而且还会使得驾驶人和乘客产生不舒适的感觉。根据试验,车内人员的心理反应随 μ 值的变化而变化,结果如表 6.12 所列。

表 6.12　横向力系数与乘车人的心理反应

横向力系数 μ	乘车人的心理反应
<0.10	感觉不到圆曲线的存在，十分平稳
0.15	稍微感觉到圆曲线的存在，比较平稳
0.20	已能感觉到圆曲线的存在，稍微感觉不平稳
0.35	感到圆曲线的存在，不稳定
≥0.40	非常不稳定，有倾翻的危险感

综上所述，μ 的取值关系到汽车的行车安全、经济和舒适度感受。但是，汽车在圆曲线上行驶时，驾驶人和乘客对横向力影响感觉最直观的就是舒适性。在圆曲线内侧设置附加车道后，必然会减小圆曲线半径，由公式（6.16）可知，如果行驶速度不变那么横向力系数就会增大，驾驶人和乘客的舒适度感受降低。为了保证设置附加车道后慢车驶入附加车道行驶的舒适度不降低，就要使慢车的速度进一步降低。由公式（6.16）可以看出，从理论上讲，当圆曲线半径值固定不变，速度越低则横向力系数越低，驾驶人和乘客的舒适度感受越高；但是事实上并非如此，在保证基本安全的前提下，驾驶人和乘客仍然希望有较高的行驶速度，所以，需要确定设置附加车道后慢车可以接受的速度降低值。

3. 不同车型的横向力系数

由上述分析可知，横向力系数的大小影响乘车人的舒适度感觉，而当乘车人乘坐不同车型的车以相同的速度行驶在同一段圆曲线上时，即使理论上的横向力系数相同，乘车人的舒适度感觉也是不一样的。相关研究通过对 43 个路段进行测验，得到不同车型的驾驶人及乘客对行车过程舒适感受的数据，经过运用心理学和数学的处理，最终得到不同车型的车辆运行速度与横向力系数的关系图如图 6.7 所示。

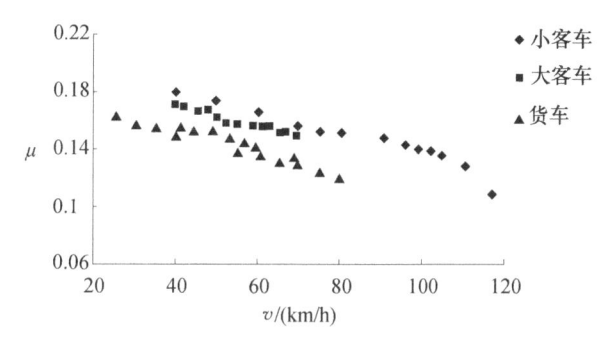

图 6.7　横向力系数取值

为了研究不同车型横向力系数与运行速度之间的关系，对图 6.7 中的数据进行还原，得到表 6.13。分别对小客车、大客车和货车的速度与横向力系数数据进行回归分析，表 6.14、表 6.15 和表 6.16 是用 SPSS 回归分析的模型检验结果，其中因变量均为横向力系数，预测变量分别为常量和小客车速度、大客车速度及货车速度，速度单位为 km/h。从表 6.14～表 6.16 可以看出，调整 R^2 均在 0.9 以上，说明了回归结果的合理性，由此得到对应的速度与横向力系数关系式分别为：

$$\mu_{小客车} = -0.001v + 0.210 \quad (6.17)$$

$$\mu_{大客车} = -0.001v + 0.199 \quad (6.18)$$

$$\mu_{货车} = -0.001v + 0.190 \quad (6.19)$$

表 6.13　　　　　　　　　　　　　不同车型横向力系数与速度数据

小客车		大客车		货车	
速度 v/(km/h)	横向力系数 μ	速度 v/(km/h)	横向力系数 μ	速度 v/(km/h)	横向力系数 μ
40	0.180	40	0.171	26	0.165
50	0.174	42	0.170	30	0.160
60	0.165	45	0.166	35	0.158
70	0.155	47	0.165	40	0.149
75	0.152	48	0.168	42	0.157
81	0.152	50	0.163	45	0.155
91	0.148	52	0.159	49	0.155
96	0.143	53	0.160	53	0.150
99	0.140	55	0.157	55	0.14
102	0.138	60	0.157	57	0.145
105	0.134	61	0.156	60	0.142
111	0.128	63	0.156	61	0.137
117	0.109	65	0.151	65	0.133
		67	0.152	69	0.134
		70	0.149	70	0.130
				75	0.124
				80	0.121

表 6.14　　　　　　　　　　　　　小客车模型检验结果

模型	R	R^2	调整 R^2	标准估计的误差
1	0.966	0.932	0.926	0.0051836

表 6.15　　　　　　　　　　　　　大客车模型检验结果

模型	R	R^2	调整 R^2	标准估计的误差
1	0.971	0.943	0.939	0.0017139

表 6.16　　　　　　　　　　　　　货车模型检验结果

模型	R	R^2	调整 R^2	标准估计的误差
1	0.961	0.924	0.919	0.0037484

6.3.2　圆曲线半径临界值

由公式（6.17）、（6.18）和（6.19）可知，当小客车、大客车和货车在相同半径的圆曲线上行驶，且乘客的舒适度感受相同时，小客车需要达到的速度最高，大客车其次，货车的速度要求最低，大客车和货车的速度要求与小客车的速度要求相比，分别低 11 km/h 和 20 km/h。由此可见，慢型车的速度降低值可取 11 km/h。

由前面的分析可知当 $\mu<0.10$ 时，乘客感觉不到圆曲线的存在，汽车行驶十分平稳；我国《公路工程技术标准》（JTG B01—2014）中规定的圆曲线一般最小半径值采用的 μ 值在 0.05～

0.06，以保证旅客有充分的舒适感，不设超高最小半径值采用的 μ 值为 0.035～0.04；所以，为了保证设置附加车道后大型车乘客的舒适度，本研究将横向力系数取值为 0.045，速度取设计速度降低 11 km/h 之后的值，圆曲线超高值取 6%。公式（6.16）变形后可得公式（6.20），经计算，不同设计速度的双车道公路附加车道最小半径值见表 6.17。

$$R=\frac{v^2}{127(\mu+i_h)} \tag{6.20}$$

表 6.17　　　　　　　　各级双车道公路附加车道最小圆曲线半径

设计速度/(km/h)	80	60	40	30
最小半径/m	357	180	63	27

6.4　附加车道设置的纵断面线形条件

汽车在通过一些较大的侧坡或纵坡时，容易发生滑移或倾覆失效。虽然我国《公路工程技术标准》（JTG B01—2014）中对各级公路的最大纵坡坡度做出了规定，但是如果在直坡路段设置了附加车道，慢行车辆需要进入附加车道行驶，在纵坡度较大下坡路段车辆换道行驶危险性更高，所以需要考虑此种情形下的行车安全，避免产生滑移或倾覆。

6.4.1　汽车转向受力分析

汽车在转向瞬间，前轮（转向轮）发生偏转，后轮还没来得及偏转，此时汽车前后轴的速度方向并不相同，令前轴的速度为 v_1，后轴的速度为 v_2，其方向分别与前后轴上左右车轮的速度方向有关。

如图 6.8 所示，如果汽车轮胎是刚性轮，则汽车的后轴中点速度 v_2 方向沿汽车纵轴的方向；因为汽车前轴左右两个车轮的转角不同，所以前轴中点速度 v_1 与纵轴线的夹角为 $\delta=0.5(\delta_左+\delta_右)$，其中 $\delta_左$ 和 $\delta_右$ 分别为左右车轮的转角。但是由于汽车车轮都是弹性轮，具有侧偏特性，所以 v_2 的方向偏离纵轴线一个角度 α_2，v_1 也偏离原来的方向一个角度 α_1，与纵轴线的夹角为 $\delta-\alpha_1$。

把汽车看成是刚体，则已知汽车前轴和后轴中点的速度方向就可以确定汽车的瞬时旋转中心，并可以求得其转向半径 R。设汽车总长度为 l，l_1 和 l_2 为汽车质心与前后轴的距离，则 $l=R\tan(\delta-\alpha_1)+R\tan\alpha_2$，所以，

$$R=\frac{l}{\tan(\delta-\alpha_1)+\tan\alpha_2}\approx\frac{l}{\delta+\alpha_2-\alpha_1} \tag{6.21}$$

通过汽车转向受力分析可知，其所受惯性力在其横轴上的投影（即侧向惯性力大小）为：

$$F_y=m\left\{\frac{v^2}{R}+\frac{v}{l}[l_2(\dot\delta-\dot\alpha_1)-l_1\dot\alpha_2]+\frac{a}{l}[l_2(\delta-\alpha_1)-l_1\alpha_2]\right\} \tag{6.22}$$

式中　　　m——汽车质量，kg；

v——汽车速度，m/s；

a——汽车加速度，m/s²，其他符号意义同前；

$\dot\delta$，$\dot\alpha_1$，$\dot\alpha_2$——δ，α_1，α_2 的导数。

将公式（6.21）代入公式（6.22）得：

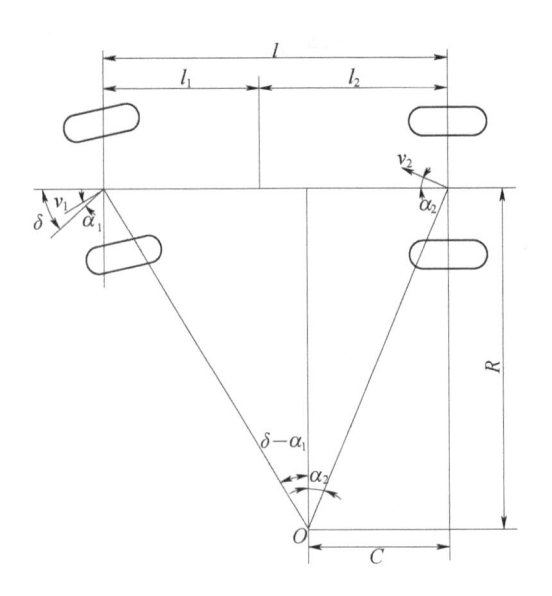

图 6.8 汽车转向示意

$$F_y = m\left\{\frac{v^2(\delta+\alpha_2-\alpha_1)}{l} + \frac{v}{l}[l_2(\dot{\delta}-\dot{\alpha_1})-l_1\dot{\alpha_2}] + \frac{a}{l}[l_2(\delta-\alpha_1)-l_1\alpha_2]\right\} \tag{6.23}$$

从公式（6.22）可知，汽车在转向时所受的侧向惯性作用力可以分为三部分，即离心力、由于前轴转向角和两轴侧偏角变化引起的力和由于车速变化而产生的力。一般情况下，离心力比后两项要大得多，汽车做匀速圆周运动时则后两项等于零。当汽车在下坡路段转向进行换道行驶时，由于汽车并不是紧急换道，则换道过程可以近似看作圆周运动，且由于汽车的速度不断变化，所以汽车在下坡路段转向进行换道行驶时需要考虑三部分力。

6.4.2 汽车横向失效分析

由上述分析可知，汽车在进行转向行驶时受到侧向惯性作用力的作用，容易引起汽车的横向失效，即侧翻和侧滑，汽车转向行驶受力情况如图 6.9 所示。

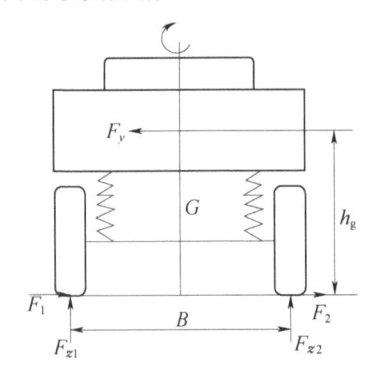

图 6.9 汽车转向行驶受力

当汽车行驶在下坡路段时，作用在汽车左、右车轮上法向反力分别为：

$$F_{z1} = \frac{G\cos\theta}{2} + \frac{F_y h_g}{B} \tag{6.24}$$

$$F_{z2}=\frac{G\cos\theta}{2}-\frac{F_y h_g}{B} \tag{6.25}$$

式中 G——汽车重力，N；

θ——坡道倾角，取正值；

h_g——汽车质心高度，m；

B——汽车轮距，m。

1. 侧翻失效分析

当汽车处在将要发生侧翻失效的临界状态下，$F_{z2}=0$，则：

$$\cos\theta=\frac{2h_g}{Bg}\left\{\frac{v^2(\delta+\alpha_2-\alpha_1)}{l}+\frac{v}{l}[l_2(\dot\delta-\dot\alpha_1)-l_1\dot\alpha_2]+\frac{a}{l}[l_2(\delta-\alpha_1)-l_1\alpha_2]\right\} \tag{6.26}$$

2. 侧滑失效分析

在即将发生侧滑的临界状态下，$F_y=\mu_g\cdot G\cos\theta$，$\mu_g$ 为侧向滑移系数，则：

$$\cos\theta=\frac{1}{\mu_g g}\left\{\frac{v^2(\delta+\alpha_2-\alpha_1)}{l}+\frac{v}{l}[l_2(\dot\delta-\dot\alpha_1)-l_1\dot\alpha_2]+\frac{a}{l}[l_2(\delta-\alpha_1)-l_1\alpha_2]\right\} \tag{6.27}$$

比较公式(6.26)和公式(6.27)可知，在其他条件都相同的情况下，先发生侧翻还是先发生侧滑取决于 $B/(2h_g)$ 和 μ_g 的大小。而现代汽车由于轮距较宽、重心较低，一般 $B/(2h_g)$ 均大于 μ_g（通常 $B/(2h_g)=1$，而 $\mu_g<0.5$），所以汽车在出现倾覆之前先发生滑移，只要保证汽车不发生滑移就可以保证汽车不发生倾覆。因此，汽车横向失效的临界条件如公式(6.27)所示。

6.4.3 下坡速度分析

汽车行驶在下坡路段，当坡度较大时重力沿坡度方向的分力较大，此时如果不采取刹车措施，汽车容易产生一定的加速度，导致汽车速度持续增大，严重影响汽车的行驶安全；当然，如果汽车采取刹车措施，可以保证汽车匀速行驶或者以较小的加速度行驶，但是当驾驶人在下坡路段行驶需要采取刹车措施时，说明坡度已经很大，而且在采取了刹车措施的情况下再进行转向换道行驶，无疑增加了驾驶人的紧张度和驾驶的不安全性。所以，考虑设置附加车道的安全下坡角度时，从偏安全的角度出发，假设汽车不采取刹车措施，在重力和阻力的合力作用下自然行驶。

汽车在行驶过程中会受到各种阻力，包括空气的阻力、道路阻力和汽车变速行驶的惯性阻力等。

1. 空气阻力

汽车行驶所受空气阻力可按下式计算：

$$R_w=0.6129\cdot KAv^2 \tag{6.28}$$

式中 R_w——空气阻力，N；

K——空气阻力系数；

A——汽车迎风面积，m^2；

v——汽车行驶速度，m/s。

有关资料显示，载重车的迎风面积在 $3.0\sim7.0 m^2$，空气阻力系数在 $0.60\sim1.00$；大客车的迎风面积在 $4.0\sim7.0 m^2$，空气阻力系数在 $0.50\sim0.80$。综合二者的各项系数，并从偏安全角度考虑，迎风面积取 $4.0 m^2$，空气阻力系数取 0.50，所以，$R_w=0.6129\cdot KAv^2=1.2v^2$。

2. 道路阻力

汽车行驶所受道路阻力可按下式计算：

$$R_R = G(f+i) \tag{6.29}$$

式中　R_R——道路阻力，N；
　　　G——汽车重力，N；
　　　f——滚动阻力系数；
　　　i——道路坡度，上坡为正，下坡为负。

水泥及沥青混凝土路面的滚动阻力系数一般在 0.01～0.02，从偏安全的角度取低值 0.01，所以 $R_R = G(f+i) = G(0.01+i)$。

3. 惯性阻力

汽车行驶所受惯性阻力可按下式计算：

$$R_I = \eta \frac{G}{g} a \tag{6.30}$$

式中　R_I——惯性阻力，N；
　　　η——惯性力系数；
　　　g——重力加速度，m/s²；
　　　a——汽车加速度，m/s²。

惯性力系数 η 主要与飞轮和车轮的转动惯量以及传动系的传动比有关，其值为 $\eta = 1 + \eta_1 + \eta_2 \cdot i^2$，$\eta_1$ 为汽车车轮的转动惯量，$\eta_1 = 0.03 \sim 0.05$；η_2 为飞轮的转动惯量，一般载重车 $\eta_2 = 0.04 \sim 0.05$；i 为变速箱速比。惯性力系数的取值也从安全角度考虑取值，而下坡过程中汽车一般不需要动力，即 $\eta_2 = 0$，$\eta = 1 + \eta_1 = 1.03$，所以 $R_I = \eta aG/g = 0.103Ga$。

在空气阻力、道路阻力、惯性阻力和重力的作用下，汽车的运动方程满足：

$$-0.6129 \cdot KAv^2 - Gf + Gi - \eta \frac{G}{g} a = \frac{G}{g} a \tag{6.31}$$

由于空气阻力与其他阻力相比，其值很小，而且随着速度的变化其变化也不大，所以为了方便分析，忽略空气阻力不计，则根据以上分析，可以得出汽车下坡过程中的加速度为：

$$a = \frac{i - 0.01}{0.203} \tag{6.32}$$

6.4.4　最大下坡坡度

研究设置附加车道的最大下坡坡度时是基于这样一种考虑，即汽车在下坡过程中不提供动力，也不采取制动措施，汽车在各种阻力和重力的合力下滑行行驶，汽车下坡过程的加速度不变。由于设置附加车道后，汽车首先要驶入附加车道，驶过附加车道后，驶出附加车道回到原车道继续行驶，在这个过程中汽车有两次换道过程，基于上述假设，第二次换道的速度要比第一次大，由公式（6.23）可知，侧向惯性力的大小随着速度的增加而增加，所以只要保证第二次换道转向的安全，则第一次换道转向也就是安全的。

由公式（6.32）可知 $a = (i-0.01)/0.203$，而 $i = \tan\theta$，将 $a = (\tan\theta - 0.01)/0.203$ 代入公式（6.27）可得：

$$\frac{\delta + \alpha_1 - \alpha_2}{l} v^2 + \frac{l_2(\dot{\delta} - \dot{\alpha}_1) - l_1 \dot{\alpha}_2}{l} v = \mu_g g \cdot \cos\theta - \frac{l_2(\delta - \alpha_1) - l_1 \alpha_2}{0.203 l} (\tan\theta - 0.01) \tag{6.33}$$

由公式（6.33）可知，随着坡度的增大，汽车转向时的最大横向稳定速度减小。为了保证设置附加车道后汽车行驶的安全，需要保证汽车第二次换道的速度小于最大横向稳定速度。

我国《公路工程技术标准》（JTG B01—2014）对各级公路最小坡长做了规定，如表6.18所示，在最小坡长的情况下，汽车行驶到坡底时，恰好可以达到最大横向稳定速度对应有一个坡度倾角值 θ_0，则当坡度倾角大于 θ_0 时，将不能再设置附加车道，θ_0 对应的坡度即为最大坡度。

表6.18　　　　　　　　　　各级公路最小坡长

设计速度/(km/h)	120	100	80	60	40	30	20
一般值/m	400	350	250	200	160	130	80
最小值/m	300	250	200	150	120	100	60

一般情况下，汽车行驶到下坡路段之前会减慢速度，并希望以相对稳定的速度驶过下坡路段，汽车连续下坡行驶的速度一般希望在 30～40 km/h，所以假定汽车下坡行驶的初始速度为设计速度的40%，所以汽车在下坡过程中的行驶速度为：

$$v = 0.4v_0 + \frac{\tan\theta - 0.01}{0.203}t \tag{6.34}$$

$$0.4v_0 t + \frac{\tan\theta - 0.01}{0.406}t^2 = l_{\min} \tag{6.35}$$

$l_{\min}$ 如表6.18所示。假设汽车在下坡过程中不加油不刹车，如果坡度太大显然不成立，所以汽车在下缓坡过程中的换道并不是紧急换道，把换道过程近似为行程很短的圆周运动，所以在公式（6.27）中，确定各参数值如下：$\mu_g = 0.6$，$l = 6.5$ m，$l_1 = 3.5$ m，$l_2 = 3$ m，$\delta = 0.262$ rad，$\alpha_1 = 0.02$ rad，$\alpha_2 = 0.01$ rad，$\delta' = 0.087$ rad/s，$=0.003$ rad/s，$=0.002$ rad/s，则：

$$0.042v^2 + 0.038v = 6\cos\theta - 0.52(\tan\theta - 0.01) \tag{6.36}$$

联立公式（6.34）、公式（6.35）和公式（6.36）可以求得不同设计速度下可以设置附加车道的最大坡度值，如表6.19所示。

表6.19　　　　　　　　　　设置附加车道的最大下坡坡度

设计速度/(km/h)	80	60	40	30
最大坡度/%	2.1	2.5	2.9	3.1

第 7 章

双车道公路附加车道效益评估与设置间距

本章拟采用资料调研和问卷调查方法,分别获取双车道公路交通事故的实际资源损失和伤亡损失及双车道公路附加车道的建设和运营成本。采用总产量法估算交通事故的资源损失和伤亡损失,进而构建设置附加车道的双车道公路交通安全改善效益计算模型。对双车道公路附加车道设置前后交通运行状态进行分析,通过对双车道公路建设附加车道后节约的时间及平均挽回的货运和客运损失运算,构建双车道公路附加车道交通运行效率提升效益计算模型。在建立双车道公路建设成本和养护费用计算模型的基础上,构建设置附加车道的双车道公路净效益计算模型。以净效益大于零为目标函数,通过研究双车道公路交通量、线形、地形及成本作为约束条件,运用运筹学原理研究给出对应不同交通量及地形条件的双车道公路附加车道合理设置间距计算方法。

7.1 基础资料调查

7.1.1 事故损失调查

1. 交通事故经济损失分析

双车道公路较高的交通事故率和事故严重性,势必会带来较大的经济损失。美国将交通事故经济损失定义为两部分组成:直接经济损失与间接损失。直接经济损失主要是指由于交通事故的发生,从而造成的人员和货物方面的损失,以及交通事故引发的相关社会服务方面所消费的损失,这部分损失主要包括与事故相关的财务损失、车辆损失、医务费用和社会相关服务部门的服务费用等;间接损失主要包括事故所造成无法挽回的社会损失。

本研究的主要对象为道路交通事故直接经济损失,在不考虑交通事故所造成的损失的归宿问题前提下,本研究定义交通事故经济损失包括由交通事故中实际资源损失(如车辆、财物的损毁、设施、社会的公共支出费用等)与伤亡者的医疗费用和赔偿费用(简称为伤亡损失)。

由于每起交通事故实际资源损失和伤亡损失没有具体资料和数据,本研究将对交通事故直接经济损失与伤亡损失资料进行调研,收集相关方面的数据,为安全改善效益计算提供参考。

2. 交通事故实际资源损失资料调查

根据全国交通事故统计资料,得到我国2004~2013年道路交通事故四项指标统计值,如下表7.1所示,本研究中的事故实际资源损失采用表7.1中的直接经济损失。从表中可以看出近十年间平均每起交通事故直接经济损失呈递增趋势,但是直接经济损失仅为该年份的实际值,在这里需要折现。根据国家现行税务制度和交通运输项目性质,交通运输项目社会折现率一般为8%。按8%的社会折现率将每起道路交通事故实际资源损失折现为2015年直接经济损失,折现后每起事故直接经济损失如表7.2所示,将其进行平均得到每起交通事故实际财产损失值为0.72万元,为双车道公路附加车道设置的安全改善效益计算提供参考。

3. 交通事故伤亡损失调查

由于交通事故伤亡情况及轻伤重伤比例的不确定性,在各类统计资料中很少对伤亡者的医疗费用和赔偿费用进行统计,本研究采用问卷调查和电话问询的方法对事故中每人的伤亡损失进行调查。调查和问询对象主要包括律师、交警及保险人员,在其中抽取律师20名,交警20名和20名保险人员。伤亡损失选择值为0~4、4~8、8~12、12~16和16万元以上,调查结果如表7.3所示。

表 7.1 2004～2013 年交通事故四项指标统计表

年份	发生起数/万起	受伤人数/万人	死亡人数/万人	直接财产损失/亿元	平均每起交通事故直接财产损失/万元
2004	51.7889	98.0864	10.7077	23.9	0.46
2005	45.0254	46.9911	9.8738	16.8	0.42
2006	37.8781	43.1139	8.9455	14.9	0.39
2007	32.7209	38.0442	8.1649	12.0	0.37
2008	25.2134	30.4919	7.3484	10.0	0.40
2009	23.8351	27.5125	6.7759	9.1	0.38
2010	21.9521	25.4075	6.5225	9.3	0.42
2011	21.0812	23.7421	6.2387	10.8	0.51
2012	20.4196	22.4327	5.9997	11.7	0.57
2013	19.5620	21.3680	5.6720	11.4	0.58

表 7.2 折现到 2015 年平均每起交通事故直接财产损失   （单位：万元）

年份	2004	2005	2006	2007	2008	2009	2010	2011	2012	2013
折现前	0.46	0.42	0.39	0.37	0.40	0.38	0.42	0.51	0.57	0.58
折现后	1.07	0.91	0.78	0.68	0.69	0.60	0.62	0.69	0.72	0.68

表 7.3 公路交通事故伤亡损失调查数据统计表

伤亡损失（万元）	0～4	4～8	8～12	12～16	16 以上	合计
人数	0	8	25	19	8	60
所占比例	0%	13%	42%	32%	13%	100%

从表 7.3 可以看出，和实际资源损失相比，伤亡损失明显大于实际资源损失，有近 74% 的人认为损失在 8 万～16 万，问卷调查结果显示事故伤亡人数中平均每人的伤亡损失为 11.5 万元。

7.1.2 经济成本资料调查

双车道公路附加车道的经济成本主要包括建设成本和运营成本，运营成本主要为养护成本，不同等级与地形区的双车道公路其建设成本和运营成本不同。

1. 公路成本预测的方法

公路成本的预测方法主要包括直接观测法、时间序列法、相关系数法等。

（1）直接观测法

直接观测法适用于在掌握大量相关信息和资料的基础上，采用现场观察、访问等方法获取数据，此方法的优点在于预测时间较短，预测费用低。

(2) 时间序列法

时间序列法适用于在以历史时间为基础，获得历史数据，根据历史数据使用外延方法，对未来趋势进行预测，其结果客观且易于操作，但会受到时间限制。

(3) 相关系数法

相关系数法适用于在分析事物变化内在因素的基础上，找到事物变化原因和结果的内在联系，据其联系进行预测，其优点是可靠准确，但是操作难度系数较大。

根据以上三种预测方法对比，公路建设成本是一项已经相对成熟的工作，并且相关数据和材料较为充分，采用直接观测法对公路经济成本进行预测。

2. 建设成本资料调查

如表 7.4 所示，公路建设成本的构成主要包括项目所需的直接费用、管理等所需的间接费用、利润和税金四个方面。根据相关资料调查和文献研究，各等级双车道公路建设成本取值如下表 7.5 所示。

表 7.4　　　　　　　　　　　　公路建设成本费用组成

编号	项目		
1	直接费用	直接工程费	人工费
			材料费
			施工机械使用费
		其他工程费	
2	间接费用	规费（包括养老保险、失业保险、住房公积金等费用）	
		企业管理费	
3	利润＝（直接费＋间接费－规费）×利润率		
4	税金＝（直接费＋间接费＋利润）×综合税率		

表 7.5　　　　　各级双车道公路每平方米建设成本范围　　　　　单位：万元/m²

公路等级	平原	丘陵	山岭
二级公路	0.056～0.111	0.111～0.222	0.222～0.333
三级公路	0.014～0.029	0.029～0.043	0.043～0.071

3. 运营成本资料调查

根据专款专用的原则，养护单位根据公路的等级、交通量和线路的性质对养护成本进行测算，养护资金根据公路的损坏情况确定，双车道公路附加车道的养护费用主要是指小修保养费。小养护费用主要包括小修工程费和正常所需的养护费用，小修工程费一般按照工程完成情况拨款并支付工程费；正常养护费用则按照季度拨款。根据调查，双车道公路养护成本如表 7.6 所示。

表 7.6　　　　　　　　二、三级公路最低养护成本值　　　　　　　　单位：万元/km

公路等级	二级	三级
养护成本	2.1	1.5

7.2 附加车道设置的交通安全改善效益计算方法

7.2.1 交通安全改善效益概述

1. 道路交通事故

道路交通事故通常指人、车在道路上通行时，因违反交通规则或其他原因发生人员、牲畜、车和物损失的事件。我国《道路交通安全法》定义为："车辆在道路上因过错或者以外造成的人身伤亡或者财产损失的事件均称为道路交通事故"。

交通事故给人们带来的损失不仅仅是经济的，更包括精神上的。本研究仅对因双车道公路设置附加车道而避免交通事故所节省的经济损失进行探讨。

2. 交通安全效益的定义

交通安全效益是指采取合理的方式避免交通事故发生而节省的人力、物力而给社会创造的价值。这里包括附加车道设置后节约的事故直接经济损失和伤亡损失。

我国目前对交通事故统计的四项指标中，事故损失仅限直接经济损失，为车辆、道路设施和货物损失，并未计及人员伤亡引起的医疗费用损失和赔偿费用。

3. 交通安全效益计算步骤

双车道公路设置附加车道的交通安全改善效益计算步骤如下：

1) 测算在未设置附加车道前，双车道公路由于每起超车事故而造成的直接经济损失，包括直接资源损失和伤亡损失；
2) 预测未设置附加车道情况下双车道公路发生的超车事故数量；
3) 预测未设置附加车道情况下双车道公路发生的超车事故伤亡人数；
4) 估算未设置附加车道的双车道公路由于超车事故导致的经济总损失，即为双车道公路附加车道设置的交通安全改善效益。

7.2.2 双车道公路交通事故预测

借鉴相关研究建立的双车道公路交通事故预测模型，按普通路段与村庄路段分别预测事故数量与伤亡人数。

1. 双车道公路普通路段交通事故预测模型

（1）事故数量预测

双车道公路普通路段超车事故发生数量预测模型如公式（7.1）所示：

$$P(Y=y_i) = k \frac{\Gamma(1/2.137+y_i)}{\Gamma(1/2.137)y_i!} \left[\frac{1}{1+2.137\lambda_i}\right]^{1/2.137} \left[1-\frac{1}{1+2.137\lambda_i}\right]^{y_i} \quad (7.1)$$

$$\lambda_i = 365 \times AADT \times L \times 10^{-6} \times e^{(-1.634+0.212X+0.0476D_z+0.0219\gamma-0.043W-0.155h_b+0.04176h_t)}$$

$$\Gamma(x) = \int_0^{+\infty} t^{x-1} e^{-t} dt$$

式中　$AADT$——年平均日交通量，pch/d；

　　　P——普通路段年事故次数，起；

　　　L——路段长度，km；

y_i——普通路段第 i 段长度,km;

X——加权的横坡度,%;

D_z——路侧接入口密度,个/公里;

r——路侧村庄比例,%;

W——路基宽度,m;

h_b——自然交通量中自行车比例,%;

h_t——自然交通量中货车比例,%;

k——超车事故率,%,取 1.8%~2%。

(2) 事故伤亡人数预测模型

双车道公路普通路段超车事故伤亡人数预测模型如公式(7.2)所示。

$$N_d = P_d \times P \tag{7.2}$$

式中 N_d——双车道公路伤亡人数,人;

P_d——普通路段超车事故平均伤亡率,人/起;

2. 双车道公路村庄路段交通事故预测模型

(1) 事故数量预测模型

双车道公路村庄路段碰撞事故发生数量预测模型如公式(7.3)所示。

$$P'(Y' = y_i') = k \frac{\Gamma(1/3.733 + y_i')}{\Gamma(1/3.733) y_i'} \left[\frac{1}{1 + 3.733\lambda_i'} \right]^{1/3.733} \left[1 - \frac{1}{1 + 3.733\lambda_i'} \right]^{y_i'} \tag{7.3}$$

$$\lambda_i' = 365 \times AADT \times L \times 10^{-6} \times e^{(0.648 - 1.598g - 0.089W + 0.0272h_m - 0.132h_b + 0.051h_t)}$$

$$\Gamma(x) = \int_0^{+\infty} t^{x-1} e^{-t} dt$$

式中 h_m——自然交通量中摩托车比例,%;

y_i——村庄路段第 i 段长度,km;

g——加权坡度值,%;

(2) 事故伤亡人数预测模型

双车道公路村庄路段超车事故伤亡人数预测模型如公式(7.4)所示。

$$N_d' = P_d' \times P' \tag{7.4}$$

式中 N_d'——双车道公路普通路段碰撞事故伤亡人数,人;

P_d'——双车道公路普通路段碰撞事故伤亡率,人/起。

7.2.3 交通安全改善效益计算

目前交通事故损失费用的计算方法有六种,每种方法相对于它们要实现的目标来说都是最优的。

1) 总产量法:交通事故中的总损失包括实际资源损失和伤亡损失。实际的资源损失包括车辆、财物、交通设施损坏损失及社会服务支出,伤亡损失包括伤亡人员的医疗费和赔偿费等。

2) 净产量法:计算方法为总产量值剔除伤亡者未来消费金额现值。

3) 人身保险法:即交通事故中生命投保值与各资源损失费之和。

4) 经法院裁决法:法院裁决法中交通事故损失由伤亡有关的社会损失(经法院裁决,给伤亡人员的赡养者的金额）和实际资源损失构成。

5) 公共部门不明确估算法：该方法主要作为交通安全管理和设施投入时，对投入效益（事故降低价值）等进行估计。

6) 愿付费用法：这种方法中交通事故损失是指实际的实际资源损失和人们愿意支付的金钱和时间，用来减少交通事故造成的损失。

由于数据的限制和交通事故发生的实际情况，通常研究者在进行交通事故损失的计算时，考虑到计算效率和条件等问题，采取直观且易于操作的方法。在交通事故引起的损失计算方法中，目前总产量法的应用比较广泛。因此，考虑到数据的可取性，采用总产量法对每起交通事故损失进行估算。考虑到交通事故的事故伤亡者及其家属的"悲伤、痛苦、不幸"等精神损失的不可估量性，本研究较为保守地计算交通事故损失，暂不将其计入损失内。

1. 资源损失

双车道公路交通事故损失采用总产量法。总产量法中交通事故损失主要由资源损失和伤亡损失两部分组成。资源损失主要是指交通事故造成的财物、车辆、交通设施损坏损失和社会的公共支出费用及医疗费用等。其计算如公式 (7.5) 所示。

$$L_p = A_p \times N_a \tag{7.5}$$

式中　L_p——双车道公路每年因超车引起的交通事故直接财产损失，万元；
　　　A_p——每起交通事故的平均直接财产损失，万元/起；
　　　N_a——双车道公路每年因超车引起的交通事故数量，起。

2. 伤亡损失

交通事故引起的人员伤亡损失主要包括在事故伤亡人员在救治过程中的医疗费用和各项赔偿费用两部分损失。医疗费用包括误工费用、医疗费用、护理费用、交通费用等；赔偿费用则包括死亡补偿费用、残疾者生活补助费用、丧葬费用等。

双车道公路每年的交通事故伤亡损失计算如公式 (7.6) 所示。

$$L_d = A_d \cdot N_d \tag{7.6}$$

式中　L_d——双车道公路每年因超车引起的交通事故伤亡损失，万元；
　　　A_d——交通事故的平均伤亡损失，万元/人，向法律相关人士了解到，交通事故伤亡损失保守达 11.5 万元/人（采用问卷调查法证实了其合理性）；
　　　N_d——双车道公路每年因超车引起的交通事故伤亡人数，人。

3. 双车道公路附加车道交通安全效益

采用总产量法计算交通事故经济损失主要包括资源损失和伤亡损失两部分。双车道公路上建设附加车道，可以减少双车道公路上的由于超车而导致的交通事故数量及伤亡人数。而由减少交通事故而节省的资源损失和伤亡损失的和便是双车道公路附加车道建设后产生的交通安全效益。其计算如公式 (7.7) 所示。

$$E_{安} = L_p + L_d \tag{7.7}$$

式中　$E_{安}$——设置附加车道的双车道公路每年因事故数量及伤亡人数减少而产生的安全改善效益，万元。

将公式 (7.1)~公式 (7.6) 代入公式 (7.7)，得到设置附加车道的双车道公路交通安全改善效益计算模型，如公式 (7.8) 所示。

$$E_{安} = k_u (A_p + A_d \cdot P_d) \left\{ k \cdot \frac{\Gamma(1/2.137 + y_i)}{\Gamma(1/2.137) y_i} \left[\frac{1}{1 + 2.137 \lambda_i} \right]^{1/2.137} \left[1 - \frac{1}{1 + 2.137 \lambda_i} \right]^{y_i} \right\}$$

$$+k_{c}(A_{p}+A_{d} \cdot P_{d}')\left\{k' \cdot \frac{\Gamma(1/3.733+y_i')}{\Gamma(1/3.733)y_i'}\left[\frac{1}{1+3.733\lambda_i'}\right]^{1/3.733}\left[1-\frac{1}{1+3.733\lambda_i'}\right]^{y_i'}\right\}$$
(7.8)

式中 k_u——双车道公路普通路段比例,%;

k_c——双车道公路村庄路段比例,%。

7.3 附加车道设置的运行效率提升效益计算方法

7.3.1 设置附加车道前后交通运行分析

1. 设置附加车道前的交通运行分析

设置附加车道前,因为快速车辆需要跟驰慢速车辆行驶,跟驰车辆随交通量的增加而变多,进而产生交通拥堵。由于双车道公路上的拥堵具有一定的持续性,这就造成道路通行能力下降,路段出现临时性的交通瓶颈,直到道路通畅瓶颈消除,拥堵的疏散也需要一定的时间。双车道公路可能发生的交通阻塞情况有两种。

1) 双车道公路完全丧失通行能力,并在一段时间段内保持完全拥堵状态,直到该现象得到相应处理,使得双车道公路恢复原通行状态。

2) 双车道公路部分堵塞,其通行能力变小,并在一段时间段内保持原状态,直至公路恢复通行状态。

以上情况都会造成车辆运行时间增加,从而增加行车延误。

2. 设置附加车道后的交通运行分析

附加车道设置后,慢速车辆驶入附加车道,给快速车辆提供了更多的超车机会,使得道路整体通行能力增加,车辆运行速度增加,从而减少了车辆在道路上的延误,本研究将减少的这部分延误转化为效益,即得到附加车道设置后的运行效率提升效益。

7.3.2 设置附加车道后节约时间计算

1. 货车节约时间

假设附加车道建设前后货车平均运行车速分别为 v_q、v_h,每千米每小时货车节约的总时间为:

$$T_h = Q \times L_h \times (1/v_q - 1/v_h) \tag{7.9}$$

式中 T_h——每千米每小时货车节约的总时间,h;

L_h——货车在总交通量所占比例,%;

v_q——附加车道设置前货车平均运行速度,km/h;

v_h——附加车道设置后货车平均运行速度,km/h。

2. 客车节约时间

假设附加车道建设前后客车平均运行车速分别为 v_q'、v_h',每千米每小时客车节约的总时间为:

$$T_k = Q \times L_k \times (1/v_q' - 1/v_h') \tag{7.10}$$

式中 T_k——每千米每小时客车节约的总时间,h;

L_k——客车在总交通量所占比例,%;

v'_q——附加车道设置前客车平均运行速度,km/h;

v'_h——附加车道设置后客车平均运行速度,km/h。

7.3.3 设置附加车道的交通运行效益计算

1. 货运效益模型

双车道公路建设前的交通拥堵等现象造成的时间损失,降低了货物积压资金的流通效率,提高的运输成本,而在双车道公路设置附加车道后,可以节约货物运输时间,降低货物积压资金的利息,这就是双车道公路附加车道创造的货运效益,建设附加车道后每辆车每小时的货运效益为:

$$S_h = w \cdot P_r \cdot G \cdot I / (16 \times 365) \tag{7.11}$$

式中 S_h——建设附加车道后每小时货运效益,万元/辆·时;

w——货车平均载重量,吨/辆;

P_r——计算年度在途货物的平均价格,万元/吨,一般为 0.05 万元/吨;

G——货运量总资金中流动资金所占比例,%,一般为 30%;

I——计算年间流动资金的贷款年利率,%,取 6%。

2. 客运效益模型

在双车道公路附加车道设置前,由于车辆运行速度低,超车机会少等因素,造成车辆跟驰行驶现象严重,而附加车道建成后,使得车辆运行速度提升,车辆在减少了在途时间,从而旅客也减少了在途时间,这部分时间将使得国民生产总值有所增长,这部分增长的效益就是双车道公路附加车道设置的客运效益,则附加车道设置后每辆车每小时的客运效益为:

$$S_k = H \cdot b \cdot K / (8 \times 365) \tag{7.12}$$

式中 S_k——建设附加车道后每小时客运效益,万元;

H——平均载客量,人/辆;

b——计算年间的人均国内生产总值,2015 年人均国内生产总值为 5.2 万元;

3. 附加车道交通运行效益

每小时总的运行经济效益可以表示为:

$$E'_{运} = T_k S_k + T_h S_h \tag{7.13}$$

将公式（7.10）、(7.11)、(7.12) 带入公式 (7.13) 得到双车道公路附加车道设置后的每千米每小时运行效益:

$$E'_{运} = Q[L_k \cdot (1/v'_q - 1/v'_h) \cdot S_k \cdot H \cdot b \cdot K / (8 \times 365) \\ + L_h \cdot (1/v_q - 1/v_h) \cdot w \cdot P_r \cdot G \cdot I / (16 \times 365)] \tag{7.14}$$

则设置附加车道后每年每千米路段的运行效益为:

$$E_{运} = Q[L_k \cdot (1/v'_q - 1/v'_h) \cdot H \cdot b \cdot K + L_h \cdot (1/v_q - 1/v_h) \cdot w \cdot P_r \cdot G \cdot I] \tag{7.15}$$

7.4 附加车道设置的净效益计算方法与模型参数标定

7.4.1 附加车道建设经济成本

1. 建设成本

根据附加车道单位面积建设成本，可得到附加车道的建设成本：

$$C_1 = 2 \cdot A \cdot B_1 \tag{7.16}$$

式中 C_1——附加车道建设成本，万元；
B_1——附加车道单位面积建设成本，万元/m²；
A——附加车道建设面积，m²。

2. 运营成本

运营成本主要为附加车道建成后的养护成本，双车道公路附加车道养护费用为：

$$C_2 = 2 \cdot B_2 \cdot A \tag{7.17}$$

式中 C_2——双车道公路附加车道每年的养护费用，万元/年；
B_2——双车道公路附加车道每年每平方米养护费用，万元/(m²·年)；

3. 经济成本

双车道公路的附加车道的经济成本主要由建设成本和养护费用组成。因此，折现到设计年末，设计年间双车道公路附加车道的经济成本为：

$$C = C_1 \cdot (1+i)^N + \frac{(1+i)^N - 1}{i} \cdot C_2 \tag{7.18}$$

式中 N——双车道公路附加车道的使用年限，年；
i——折现率，%，一般取值为8%。

7.4.2 设置附加车道的净效益计算方法

1. 模型构建

设置附加车道的双车道公路在设计年限内的总净效益应为：交通安全改善效益＋交通运行效率提升效益－附加车道经济成本，其计算如公式（7.19）所示。

$$E = \frac{(1+i)^N - 1}{i} \times E_{安} + \frac{(1+i)^N - 1}{i} \times E_{运} \times L - C \times \frac{L}{L_f + L_j} \tag{7.19}$$

式中 L_j——附加车道设置间距，km；
L_f——附加车道长度，km。

将公式（7.8）、（7.15）、（7.18）代入公式（7.19），得到附加车道的双车道公路净效益：

$$\begin{aligned}
E = \frac{(1+i)^N - 1}{i} & \left\{ \begin{array}{l} k_u (A_p + A_d \cdot P_d) \left\{ k \cdot \frac{\Gamma(1/2.137 + y_i)}{\Gamma(1/2.137) y_i} \left[\frac{1}{1+2.137\lambda_i} \right]^{1/2.137} \left[1 - \frac{1}{1+2.137\lambda_i} \right]^{y_i} \right\} \\ + k_c (A_p + A_d \cdot P_d') \left\{ k' \cdot \frac{\Gamma(1/3.733 + y_i')}{\Gamma(1/3.733) y_i'} \left[\frac{1}{1+3.733\lambda_i'} \right]^{1/3.733} \left[1 - \frac{1}{1+3.733\lambda_i'} \right]^{y_i'} \right\} \end{array} \right\} \\
& + \frac{(1+i)^N - 1}{i} \cdot L \cdot Q[L_k \cdot (1/v_q' - 1/v_h') \cdot S_k \cdot H \cdot b \cdot K + L_h \cdot (1/v_q - 1/v_h) \cdot w \cdot P_r \cdot G \cdot I]
\end{aligned}$$

$$-2 \cdot \frac{L \cdot A}{L_f + L_j} \left[B_1 \cdot (1+i)^N + B_2 \cdot \frac{(1+i)^N - 1}{i} \right] \tag{7.20}$$

2. 理论计算

(1) 安全效益计算

根据数据调研结果，平均每起交通事故的实际资源损失为 $A_d = 0.72$ 万元；由于普通路段和村庄路段伤亡率很难统计，假设两路段事故伤亡率一致，根据统计研究，全国二级、三级公路事故伤亡率为 1.065 人/起。根据问卷调查结果，交通事故伤亡损失达 $A_d = 11.5$ 万元/人。

在此设定双车道公路普通路段超车事故发生数量预测模型为一个关于 AADT 的函数 P_{AADT}，双车道公路村庄路段超车事故发生数量预测模型为一个关于 AADT 的函数 P'_{AADT}，双车道公路附加车道设置后每年每千米交通安全改善效益计算公式可以表示为：

$$E_{\text{安}} = 618.321 \times \frac{(1+0.08)^N - 1}{0.08} (k_u \cdot P_{AADT} + k_c P'_{AADT}) \tag{7.21}$$

(2) 运行效益计算

双车道公路货车比例较高，大部分都在 50% 左右，因此，设定双车道公路客车和货车比例均为 50%，即 $L_h = L_k = 50\%$。

根据《2014 年公路水路交通运输行业发展统计公报》，公路上货车载运系数为 3.816 吨/车，客车平均载客率 18.27 人/车，则双车道公路附加车道设置后每年每千米计算公式可以表示为：

$$E_{\text{运}} = Q \cdot L \cdot \frac{(1+0.08)^N - 1}{0.08} \cdot [1.973(1/v'_q - 1/v'_h) + 17.172(1/v_q - 1/v_h)] \tag{7.22}$$

(3) 经济成本计算

双车道公路附加车道的经济成本主要由建设成本和养护费用组成，在设计年限 N 年内的经济成本计算公式为：

$$C = 2 \cdot A \cdot \left[B_1 \cdot (1+i)^N + B_2 \cdot \frac{(1+i)^N - 1}{i} \right] \cdot \frac{L}{L_j + L_f} \tag{7.23}$$

取 $i = 8\%$，代入式 7.23 则有：

$$C = 2 \cdot A \cdot \left[B_1 \cdot (1+0.08)^N + B_2 \cdot \frac{(1+0.08)^N - 1}{i} \right] \cdot \frac{L}{L_j + L_f} \tag{7.24}$$

(4) 净效益计算

设置附加车道的双车道公路在设计年限内净效益应为：交通安全改善效益＋交通运行效率提升效益－附加车道经济成本，其计算如公式（7.25）所示。

$$\begin{aligned} E = & 618.321 \times \frac{(1+0.08)^N - 1}{0.08} (k_u \cdot P_{AADT} + k_c P'_{AADT}) \\ & + Q \cdot L \cdot \frac{(1+0.08)^N - 1}{0.08} \cdot [1.973(1/v'_q - 1/v'_h) + 17.172(1/v_q - 1/v_h)] \\ & - 2 \cdot A \cdot \left[B_1 \cdot (1+0.08)^N + B_2 \cdot \frac{(1+0.08)^N - 1}{i} \right] \cdot \frac{L}{L_j + L_f} \end{aligned} \tag{7.25}$$

式中 P_{AADT}——普通路段超车事故，起/千米；

P'_{AADT}——村庄路段超车事故，起/千米；

Q——双车道公路交通量，pcu/h；

L——全路段长度，km；

v_q——附加车道设置前货车平均运行速度，km/h；

v_h——附加车道设置后货车平均运行速度，km/h；

V_q——附加车道设置前货车平均运行速度，km/h；

V_h——附加车道设置后货车平均运行速度，km/h；

B_1——双车道公路建成成本，万元/km；

B_2——附加车道养护成本，万元/km；

L_j——附加车道设置间距，km/个

L_f——附加车道长度，km；

A——附加车道的面积，m²；

N——设计使用年限，二级公路使用年限为15年，三级公路使用年限为10年。

7.4.3 参数标定

1. 交通量约束

由于我国国土面积比较大，地形条件复杂，使得双车道公路的基准横断面形式也不同。

根据第6章的研究成果可知，当交通冲突程度达到严重冲突时，表示双车道公路进行超车已经非常危险，因此，取交通量达到一般冲突与严重冲突的分界值作为附加车道设置的交通量临界值。不同设计速度下的双车道公路附加车道设置的交通量条件表7.7所示：

表7.7　　　　　　　　　附加车道设置的交通量条件

设计速度/(km/h)	80	60	40	30
交通量/(pcu/h)	>495	>454	>388	>339

根据《公路路线设计规范》(JTG D20—2006)、《公路工程技术标准》(JTG B01—2014)及第2章通行能力分析，得到不同等级和设计速度下设计通行能力如表7.8所示。

表7.8　　　　　　不同等级、不同设计速度双车道公路设计通行能力

设计速度	80			60			40		
禁止超车区/%	<30	30～70	≥70	<30	30～70	≥70	<30	30～70	≥70
V/C	0.64	0.60	0.57	0.58	0.48	0.43	0.54	0.42	0.35
基准通行能力/(pcu/h)	2800			2500			2400		
设计通行能力/(pcu/h)	1792	1680	1596	1450	1200	1075	1296	1008	840

结合上述研究及规范，双车道公路附加车道的交通量取值范围如表7.9所示。

表7.9　　　　　　　　　附加车道设置交通量

设计速度/(km/h)	80	60	40	30
交通量/(pcu/h)	990～1680	908～1200	776～1008	678～900

根据我国"九五"攻关项目中的"一般公路通行能力研究"。该项目根据平原地区的实际测量数据，并根据不同路面宽度建立了交通流模型，得到在9 m路面宽度的基准条件下，双车道公路的通行能力为2500 pcu/h。并采用交通仿真技术，给出了双车道公路在丘陵和山岭地区的通行能力，表7.10是"九五"攻关项目中通行能力研究推荐的修正系数值。

表 7.10　不同地形条件下的通行能力修正系数

地形条件分类	平原区	丘陵区	山岭区
修正系数	1	0.9	0.8

根据不同地形条件下的通行能力修正系数，各级双车道公路在不同地形条件下的通行能力如表 7.11 所示。

表 7.11　不同等级公路在不同地形条件下的设计通行能力

公路等级	设计速度/(km/h)	通行能力/(pcu/h) 平原区	丘陵区	山岭区
二级公路	80	1689	1520	1351
二级公路	60	1235	1112	988
三级公路	40	1048	943	838
三级公路	30	900	810	720

根据目标函数要求，不同等级、设计速度和地形条件下交通量这一约束条件的取值要小于设计通行能力。结合表 7.7 和表 7.11，双车道公路设置附加车道的交通量约束条件如表 7.12 所示。

表 7.12　双车道公路设置附加车道的交通量约束条件

公路等级	设计速度/(km/h)	附加车道交通量/(pcu/h) 平原区	丘陵区	山岭区
二级公路	80	990~1689	891~1520	792~1351
二级公路	60	908~1235	817~1112	726~988
三级公路	40	776~1048	698~943	621~838
三级公路	30	678~900	610~810	542~720

2. 年平均日交通量

因为年平均日交通量 AADT 数据很难得到，本书确定双车道公路年平均日交通量的取值范围与双车道公路的适应交通量取值范围一致。

根据《公路工程技术标准》(JTG B01—2014)，不同等级双车道公路年平均日交通量取值如表 7.13 所示。

表 7.13　各等级双车道公路年平均日交通量　　　　　　　　　　（单位：pcu/d）

公路等级	二级公路	三级公路
平均昼夜交通量	5000~15000	2000~6000

3. 运行速度

根据相关研究，不同设计速度下双车道公路不同车型的运行速度计算如公式 (7.26) 所示，本研究取小客车为客车代表车型，取中型货车为货车代表车型。

$$\begin{cases} v_q = a \times e^{[b \times (v/c)^2]} & v/c \leqslant 0.75 \quad (二级公路) \\ v_q = a \times e^{[b \times (v/c)^2]} & v/c \leqslant 0.67 \quad (三、四级公路) \end{cases} \quad (7.26)$$

式中　a,b——模型参数，其值见表 7.14；

　　　V/C——双车道公路饱和度。

表 7.14　　　　　　　　　　　　　　车速模型系数

公路等级	车型	a	b
二级公路	小客	60.0	−1.42
	中货	46.7	−0.97
三级公路	小客	50.0	−1.37
	中货	40.6	−0.91

根据《公路工程技术标准》（JTG B01—2014），二、三级公路设计服务水平为四级，其对应的饱和度如表 2.19 所示；根据附加车道设置的交通量条件（表 7.7），可得到不同设计速度的双车道公路饱和度取值范围，如表 7.15 所示。

表 7.15　　　　　　　　　不同设计速度的双车道公路饱和度取值

公路等级	二级公路		三级公路	
设计速度/(km/h)	80	60	40	30
饱和度	0.18～0.57	0.17～0.43	0.16～0.35	0.14～0.35

根据相关研究，在没有其他干扰条件下，双车道公路客车的自由流速度取值为设计速度，在跟车条件下，慢速车比快速车将平均减少 10～15 km/h。附加车道设置后，客车车速 v_h' 取客车自由流速度，货车车速 v_h 取慢速车车速，即跟驰车速，则文中 v_h' 与 v_h 取值如表 7.16 所示。

表 7.16　　　　　　　不同等级双车道公路自由流速度与跟驰车速取值表

公路等级	二级公路		三级公路	
客车车速 v_h'(km/h)	80	60	40	30
货车车速 v_h (km/h)	65	45	30	20

4. 建设成本与养护成本

（1）不同等级不同地形条件下双车道公路建设成本

双车道公路附加车道经济成本主要包括建设成本和养护成本。其中建设成本主要包括公路建设的土地占用费用、路面材料费用、防护材料费用、人工费用、机械设备费用及其他费用。本研究采用直接观测法对公路建设成本费用进行预测，前面已经对其进行相关的资料调研，得到各级双车道公路建设成本用如表 7.5 所示，但实际应用时由于地形、地理条件不同，费用也有差异。计算净效益时将采用一般情况进行计算，不同等级、不同地形双车道建设成本取表 7.5 平均值，如表 7.17 所示。

表 7.17　　　　不同等级、不同地形各级双车道公路单位建设成本　　（单位：万元/平方米）

公路等级	平原区	丘陵区	山岭区
二级公路	0.0835	0.1665	0.2775
三级公路	0.0215	0.0360	0.0570

(2) 不同等级双车道公路养护成本

公路养护成本使用是每年年初按计划下达的，并且根据工程进度情况进行拨款。根据上述基础资料调查，一般二级公路养护成本不小于 2.1 万元/km，三级公路养护成本不小于 1.5 万元/km。取二级公路建设宽度为 9 米，三级公路建设宽度为 7 米，则双车道公路单位养护成本最低准值如表 7.18 所示。

表 7.18　　　　　　　　双车道公路养护成本标准值　　　　　　　单位：元/平方米

公路等级	二级公路	三级公路
养护成本	2.3	2.2

7.5　附加车道设置间距

7.5.1　计算模型

前面已经对附加车道净效益函数与各参数取值进行了分析，以附加车道净效益大于零为目标，可以得到附加车道设置间距 L_j 计算模型如式（7.27），式中 E 为净效益，因为附加车道建设后，其净效益要大于零才有意义，否则就没有必要再设置附加车道。

$$L_j = \frac{Q \cdot L \cdot \frac{(1+0.08)^N - 1}{0.08} \cdot [1.973(1/v'_q - 1/v'_h) + 17.172(1/v_q - 1/v_h)]}{2 \cdot A \cdot \left[B_1 \cdot (1+0.08)^N + B_2 \frac{(1+0.08)^N - 1}{i} \cdot \right] \cdot L}$$

$$+ \frac{618.321 \times \frac{(1+0.08)^N - 1}{0.08} (k_u \cdot P_{AADT} + k_c P'_{AADT}) - E}{2 \cdot A \cdot \left[B_1 \cdot (1+0.08)^N + B_2 \frac{(1+0.08)^N - 1}{i} \cdot \right] \cdot L} - L_f \quad (7.27)$$

7.5.2　实例分析

根据所建立的模型，可以得出不同等级、不同设计速度、不同地形下的附加车道设置间距。综合考虑超车视距、会车视距等多方面因素，取附加车道建设长度为 300~430 m（具体见第8章）。

现有不同地形条件下的设计速度为 80 km/h、60 km/h 的二级双车道公路各一条，设计速度为 40 km/h、30 km/h 的三级双车道公路各一条；二级公路的路基设计宽度为 9 m，三级公路的路基设计宽度为 7 m；设计使用年限为 15 年；双车道公路的长度均为 100 km，折现率取 8%；普通路段比例为 80%，村庄路段比例为 20%。公路上货车载运系数为 3.816 吨/车，客车平均载客率 18.27 人/车。不同设计速度下的交通量如表 7.19 所示：

表 7.19　　　　　　　不同设计速度下双车道公路交通量取值

公路等级	二级公路		三级公路	
设计速度/(km/h)	80	60	40	30
交通流量/(veh/h)	1000	900	800	750

根据所建立的模型进行计算,可以得出不同等级、不同设计速度、不同地形条件下的附加车道设置间距,如表 7.20 所示。

表 7.20　　　　　　　　　　双车道公路附加车道最小设置间距

公路等级	设计速度/(km/h)	附加车道最小设置间距（km）		
		平原区	丘陵区	山岭区
二级公路	80	2.53	5.12	8.76
	60	4.85	9.87	16.14
三级公路	40	0.97	2.13	3.56
	30	1.32	2.46	4.43

相关研究表明,设置附加车道会对其设置下游 5~13 km 的交通运行情况具有明显的改善作用,如果附加车道设置间距过长,则会容易导致交通改善现象不明显。考虑附加车道的交通运行原理与超车道相类似,因此,将 13 km 作为设置附加车道的最大间距,如表 7.21 所示。

综上所述,随着公路等级的降低,双车道公路附加车道的最小设置间距逐渐减小;同等级、同设计速度的双车道公路,山岭区附加车道最小设置间距最大,丘陵区次之,平原区最大;同地形、同等级的双车道公路,随着设计速度的减小,附加车道的设置间距逐渐增大。

表 7.21　　　　　　　　　　附加车道的建议设置间距取值

公路等级	设计速度/(km/h)	附加车道建议设置间距（km）		
		平原区	丘陵区	山岭区
二级公路	80	2.5~13	5.0~13	9.0~13
	60	5.0~13	10.0~13	13.0
三级公路	40	1.0~13	2.0~13	3.5~13
	30	2.5~13	3.5~13	5.5~13

第 8 章

双车道公路附加车道几何设计指标

第 8 章 双车道公路附加车道几何设计指标 ·117·

本章将基于交通仿真数据,建立双车道公路附加车道长度与交通量、运行车速关系模型,研究给出不同设计速度与地形条件下双车道公路附加车道长度的推荐值。基于车辆行驶安全和驾驶人舒适性考虑,给出双车道公路附加车道宽度的计算模型,并计算出不同设计速度下附加车道宽度推荐值。基于汽车行驶特征,以汽车安全行驶为目标,建立双车道公路附加车道纵坡坡度计算模型,并给出不同设计速度下附加车道最大上坡坡度推荐值。

8.1 附加车道长度

8.1.1 模型构建

1. 渐变段长度

双车道公路附加车道是为了给同一方向慢车使用的,在后面跟驰快速车给出超车指示之后,前面慢速车辆将变更车道,驶入附加车道内,为跟驰车辆提供超车条件,从而减少超车事故,提高双车道公路通行能力。图 8.1 为双车道公路附加车道示意图,L 为附加车道长度,L_j 为附加车道渐变段长度。

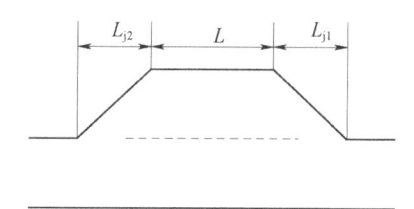

图 8.1 双车道公路附加车道示意图

因为附加车道超车与爬坡车道原理相似,都是将高速行驶的车辆与低速行驶的车辆分离开,因此附加车道分流、汇流渐变段长度可以参照爬坡车道分流、汇流渐变段进行设置。根据《公路路线设计规范》(JTG D20—2006)中对爬坡车道渐变段的设置标准,爬坡车道的分流渐变段和合流渐变段长度分别为 50 m 和 90 m,故在此将借鉴规范中爬坡车道渐变段长度,设定分流渐变段长度 L_{j1} 为 50 m,合流渐变段长度 L_{j2} 为 90 m。

2. 附加车道长度与交通量、机动车车速的关系

附加车道是提供给公路上慢速车辆使用的,在快车速度和慢车速度一定的条件下,机动车交通量对附加车道长度有直接的影响,随着机动车交通量的增加,慢速车交通量也会增加,需要驶入附加车道给快速车提供超车机会的车辆也随之增加,需要占用附加车道长度也随之增加,所以从定性角度分析,附加车道长度与机动车交通量呈正相关;假设机动车交通量在一定条件下是固定的,而随着车辆行驶速度的增加,超车过程中所占用的附加车道时间将会减少,从而附加车道所需的长度也随之减小,所以从定性角度分析,附加车道长度与机动车车速呈负相关。

(1) 交通仿真数据

根据上述定性分析,附加车道长度主要受到交通量和机动车车速的影响,且与交通量呈正相关,与机动车车速呈负相关。本书运用 VISSM 仿真技术对附加车道长度与交通量、机动车车

速进行仿真，找出三者之间的关系，并建立三者的量化关系，为附加车道长度取值提供基础。

设定几组附加车道长度，建立仿真模型，选取不同的机动车车速和交通量进行仿真，输出不同附加车道长度、行车速度和交通量所对应的交通延误。因为双车道公路附加车道是对称的，所以为了简化仿真过程，只对单向附加车道长度进行仿真，仿真过程如图 8.2 所示。附加车道长度取值：150 m、200 m、250 m、300 m、350 m、400 m、450 m、500 m；运行车速取值：20 km/h、30 km/h、40 km/h、50 km/h、60 km/h、70 km/h、80 km/h、90 km/h；交通量取值：0～1100 pcu/h。

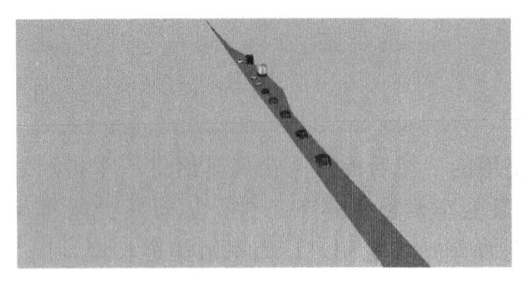

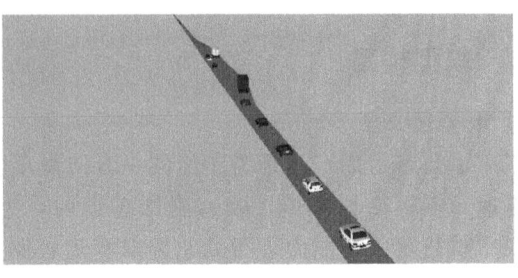

图 8.2 交通仿真图

仿真数据处理时将以不同附加车道长度、运行速度对应的延误最小为原则，运用插入法获得对应的交通量，仿真得到数据如表 8.1 所示。

表 8.1　　　　　　　　　　交通仿真数据

交通量/(pcu/h) 运行车速/(km/h) 附加车道长度/m	150	200	250	300	350	400	450	500
30	43	97	236	361	489	646	774	896
40	52	124	257	394	526	673	793	923
50	67	152	281	427	561	695	825	945
60	79	182	325	458	593	724	857	979
70	85	206	339	466	629	763	883	998
80	84	237	361	515	635	782	914	1032
90	102	245	397	527	663	811	948	1044

(2) 附加车道长度-交通量-车速模型

从表 8.1 可以看出，当运行车速一定的时候，随着交通量的增加，附加车道所需要的长度也在增加。根据表 8.1 数据，对数据进行回归分析，并得到回归方程如下：

$$L = 0.378Q - 0.951v + 185.61 \quad R^2 = 0.91 \quad (8.1)$$

式中　L——附加车道长度，m；

Q——双车道公路单向交通量，pcu/h；

v——车辆运行速度，km/h。

8.1.2 附加车道长度推荐值

根据附加车道长度与交通量、车辆运行车速的关系模型，车辆运行速度取设计速度，结合第 7 章中双车道公路的设计通行能力取值（见表 7.8），双车道公路单向交通量取设计通行能力的一半，计算出附加车道长度如表 8.2 所示。

表 8.2　　　　　　　　　　　附加车道设计长度计算值

公路等级	设计速度/(km/h)	附加车道长度/m		
^	^	平原区	丘陵区	山岭区
二级公路	80	429	397	365
二级公路	60	362	339	315
三级公路	40	346	326	306
三级公路	30	327	310	293

根据表 8.2 中的计算值，给出双车道公路附加车道长度的推荐值如下。

1）二级公路在设计速度为 80 km/h 时，平原区附加车道长度建议取值为 430 m，丘陵区为 400 m，山岭区为 360 m。

2）二级公路在设计速度为 60 km/h 时，平原区附加车道长度建议取值为 360 m，丘陵区为 320 m，山岭区为 310 m。

3）三级公路在设计速度为 40 km/h 时，平原区附加车道长度建议取值为 340 m，丘陵区为 320 m，山岭区为 300 m。

4）三级公路在设计速度为 30 km/h 时，平原区附加车道长度建议取值为 320 m，丘陵区为 310 m，山岭区为 300 m。

8.2　附加车道宽度

8.2.1　影响因素

1. 货车对交通的影响机理

我国双车道公路车辆类型混杂，而随着货运交通的发展，货车比例也随之增加，货车在公路上行驶有以下几个方面特征。

（1）尺寸大

相对于小客车来说，货车（特别是中大型货车）的长度、宽度和高度等几何指标较高，导致汽车在道路上行驶时所占用的道路空间较大。根据《汽车外廓尺寸限界》（GB 1589—2004）标准。公路上行驶的货车和挂车的外廓尺寸如表 8.3 所示。

表 8.3　　　　　　　　　　　　挂、货车外廓尺寸

车辆类型			车长/mm	车宽/mm	车高/mm
货车及半挂牵引车	最高设计车速小于 70 km/h 的四轮货车		6000	2000	2500
	二轴	最大设计总质量≤3500 kg	6000	2500	4000
		最大设计总质量>3500 kg，且≤8000 kg	7000		
		最大设计总质量>8000 kg，且≤12000 kg	8000		
		最大设计总质量>12000 kg	9000		
	三轴	最大设计总质量≤20000 kg	11000		
		最大设计总质量>20000 kg	12000		
	四轴		12000	2500	4000
挂车	半挂车	一轴	6800	2500	4000
		二轴	10000		
		三轴	13000		
	中置轴（旅居）挂车		8000		
	其他挂车	最大设计总质量≤10000 kg	7000		
		最大设计总质量>10000 kg	8000		

（2）速度低

货车（特别是中大型货车）的车辆性能（主要包括动力性能和制动性能）相对于小型车来说较差，所以导致在公路上正常行驶时中大型货车运行车速要比其他车辆低。

（3）超载严重

目前我国货车的道路运输的税费、养路费及其他费用主要是依据货车车辆的载重量来收取，而有关车辆载重量的确定主要是依据车辆管理部门的车辆核载和其登记结果，这就导致货车用超载运输的手段来逃避应缴纳超核定部分载重质量的相关税费，因为利益的驱使，在公路上运输货物的汽车超载现象日益严重，而且超载车辆的比例也日渐增长。

双车道公路附加车道是为在超车过程中低速车使用的，公路上低速车主要是由大、中型货车组成，由于双车道公路上货车存在着尺寸大、速度低、超载严重等特点，所以研究双车道公路附加车道宽度的影响车辆主要考虑大中型货车。

2. 驾驶人心理感受对附加车道宽度的影响

车辆在超车过程中，两车并行情况下侧向安全距离和驾驶人的心里感受有直接的联系，根据相关研究，超车时两车之间侧向间距在 0.9～1.8 m 变化，超车时两车之间间距的大小，直接影响了驾驶人的紧张性、舒适性和驾驶的安全性。本研究采用问卷的方法对不同超车车速条件下驾驶人超车时两车侧向间距进行了调查，并对驾驶人紧张感进行调查，为附加车道宽度计算提供参考。

本次调查中，两车之间侧向间距取值包括 1.0 m、1.1 m、1.2 m、1.3 m、1.4 m、1.5 m、1.6 m、1.7 m、1.8 m，超车车速分为 80 km/h、60 km/h、40 km/h、30 km/h。选取小客车驾驶人 20 人、小、中客车驾驶人 20 人、大货车驾驶人 10 人进行问卷调查。

如表 8.4 和图 8.3 所示，调查结果显示：

1）当超车车速为 80 km/h 时，54% 人选择两车间距主要集中在 1.5～1.6 m，平均间距为

1.52 m；

2）当超车车速为 60 km/h 时，46%人选择间距主要集中在 1.4～1.5 m，平均间距为 1.41 m；

3）当超车车速为 40 km/h 时。53%人选择间距主要集中在 1.2～1.3 m，平均间距为 1.27 m；

4）当超车车速为 30 km/h 时，68%人选择间距主要集中在 1.0～1.2 m，平均间距为 1.19 m。

表 8.4　　不同车速条件下驾驶人超车选择的侧向间距调查统计表

设计速度	侧向间距/m	1.0	1.1	1.2	1.3	1.4	1.5	1.6	1.7	1.8	合计
80km/h	人数	0	1	2	3	8	15	12	6	3	50
	百分率/%	0	2	4	6	16	30	24	12	6	100
60km/h	人数	0	3	5	9	15	8	5	3	2	50
	百分率/%	0	6	10	18	30	16	10	6	4	100
40km/h	人数	4	6	16	11	5	4	3	1	0	50
	百分率/%	8	12	32	22	10	8	6	2	0	100
30km/h	人数	8	12	14	11	3	2	0	0	0	50
	百分率/%	16	24	28	22	6	4	0	0	0	100

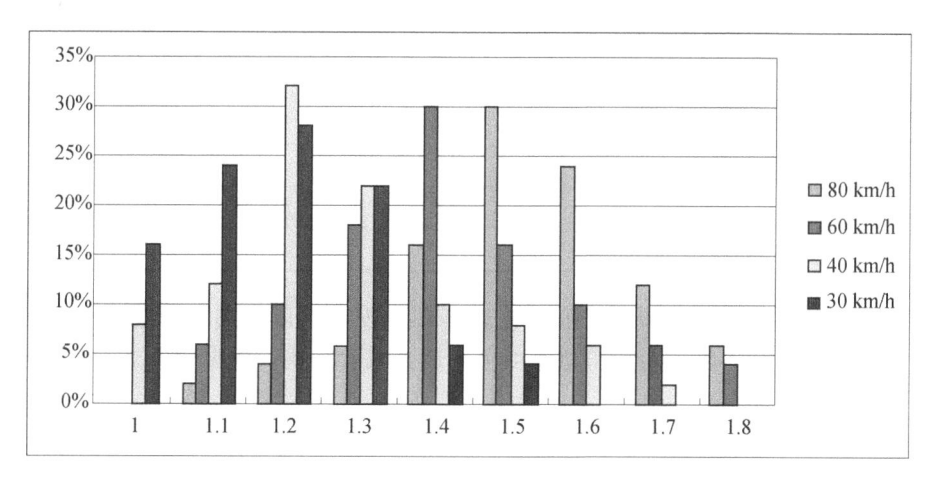

图 8.3　不同车速下侧向间距选择分布图

8.2.2　附加车道宽度推荐值

附加车道设置后，其主要作用是让慢车驶入附加车道内，给快速车辆提供更多的超车机会，可认为附加车道宽度是由汽车宽度和超车过程中内侧余宽与外侧余宽组成，其计算如图 8.4 所示。

双车道公路附加车道宽度计算公式如下：

$$B = a + c + y \tag{8.2}$$

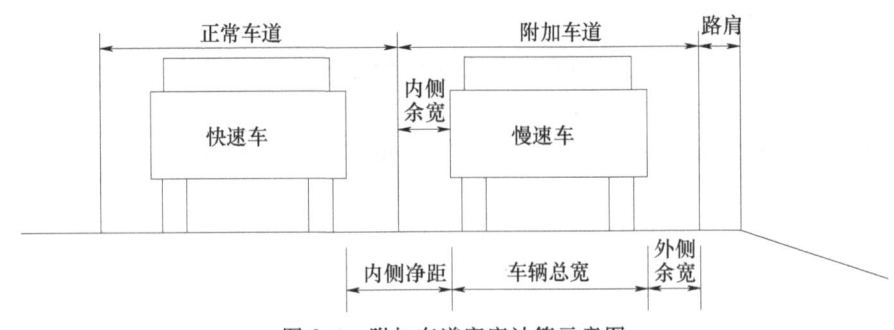

图 8.4　附加车道宽度计算示意图

式中　B——附加车道宽度，m；
　　　a——大中型货车车厢宽度，取 2.5 m；
　　　c——附加车道内侧余宽，m；
　　　y——附加车道外侧余宽，m。

根据相关研究，附加车道外侧余宽 y 可按下式计算：

$$y=0.2+0.005v \tag{8.3}$$

式中　v——最外侧车道运行车速，m/s；

公式 (8.3) 中，v 为慢速车行车速度，车厢与外侧路面边缘的安全距离除了与车速有关系之外，还与驾驶人心理、路侧环境、车辆状况等因素有关。根据附加车道慢速车行驶速度比快速车车速降低 15 km/h，对不同设计速度下附加车道宽度值计算结果如表 8.5 所示。

表 8.5　附加车道宽度计算表

公路等级	二级公路		三级公路	
设计速度/(km/h)	80	60	40	30
a	2.5	2.5	2.5	2.5
c	0.76	0.70	0.63	0.51
y	0.525	0.425	0.325	0.275
B	3.785	3.625	3.455	3.285

因为二级公路右侧有硬路肩和土路肩，慢速车在行驶时可以占用部分路肩行驶，侧向净距足够保证车辆的安全行驶，因此附加车道宽度可以适当减少一些，根据表 8.5，本书推荐的双车道公路附加车道宽度值如下。

1) 二级公路附加车道宽度推荐值为 3.5 m。
2) 三级公路设计速度为 40 km/h 时，附加车道宽度推荐值为 3.5 m；设计速度为 30 km/h 时，车道宽度建议推荐值为 3.25 m。

8.3　附加车道最大上坡坡度

根据不同地形和交通条件需要，附加车道有可能设置在直坡坡段上，而附加车道的设置，主要是让慢速车辆行驶的，在双车道公路上的慢速车辆主要为大中型货车，在附加车道长度一定的条件下，由于货车动力性能比小汽车动力性能低，其爬坡能力有一定的限制。虽然在我国

《公路工程技术标准》(JTG B01—2014)中,已经对不同等级双车道公路的坡度和坡长都有了限制,但在综合考虑慢速车辆的爬坡能力的条件下,需要对附加车道的最大上坡坡度进行研究。

8.3.1 影响因素

1. 汽车在坡道上受力分析

如图 8.5 所示,汽车在爬坡行驶过程中会受到来自各方面的力,其中包括空气阻力、滚动阻力、坡道阻力和汽车变速行驶的惯性阻力。

(1) 空气阻力

分析汽车所受空气阻力时,不需要考虑汽车在行驶过程中空气阻力所引起的横向力矩和侧向力矩;气流与车辆的行驶过程中的相对速度按照汽车的行驶速度计算,即假设空气速度为零,气流的角度也为零;而气压对车辆受力的影响需要引进一个海拔修正系数 ξ。

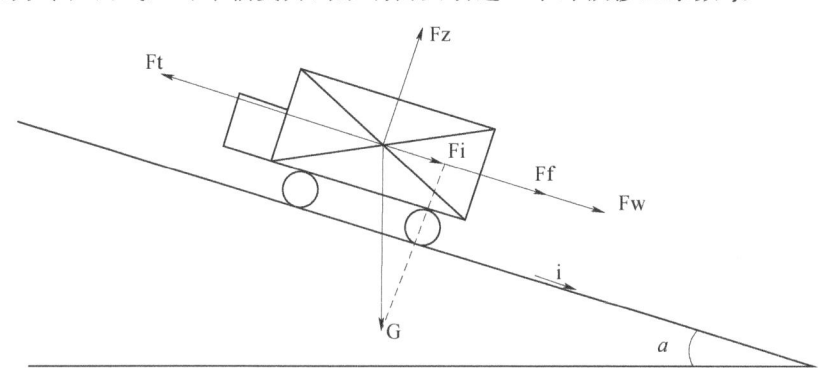

图 8.5 车辆爬坡过程受力图

车辆垂直方向空气升力可按下式计算:

$$F_z = \frac{C_{DZ}\xi A v^2}{21.15} \tag{8.4}$$

$$\xi = (1 - 2.26 \times 10^{-5} H)^{5.3} \tag{8.5}$$

式中 L——附加车道长度,m;
C_{DZ}——空气升力系数;
A——汽车的迎风面积,m^2;
v——车辆行驶速度,km/h;
ξ——海拔修正系数;
H——海拔高度,m。

汽车行驶方向正向的空气阻力:

$$F_w = \frac{C_D \xi A v^2}{21.15} \tag{8.6}$$

式中 C_D——正向空气阻力系数。

(2) 滚动阻力

车辆在上坡路段上行驶时,由于轮胎与路面的摩擦,会产生与行车方向相反的滚动阻力,等效转化为车辆行驶过程中的滚动阻力 F_f:

$$F_f = (G\cos\alpha - F_z)f \tag{8.7}$$

式中　　G——附加车道长度，m；
　　　　f——空气升力系数；
　　　　a——汽车的迎风面积，m^2。

(3) 坡道阻力

车辆在上坡路段上行驶时，重力沿坡度方向的分力即为坡道阻力 F_i：

$$F_i = \pm(G\cos\alpha - F_z)i \tag{8.8}$$

式中　　i——纵坡坡度，%。

(4) 惯性阻力

汽车在加、减速运动时，将会产生一个惯性阻力矩，作用于车轮上时就会转化为加速的阻力：

$$F_j = \delta m \frac{du}{dt} = (1 + \delta_1 + \delta_2 i_g^2)m\frac{du}{dt} \tag{8.9}$$

式中　　η——惯性力系数；
　　　　m——汽车质量，kg；
　　　　δ_1——汽车车轮的转动惯量；
　　　　δ_2——飞轮的转动惯量；
　　　　i_g——变速器传动比。

(5) 汽车驱动力

汽车行驶时，由发动机运行产生驱动力，这部分驱动力经过汽车的传动系统最终转化为汽车驱动轮的力矩，为汽车行驶提供动力。

汽车发动机产生的扭矩采用经验公式：

$$M_e = M_{max} - \frac{M_{max} - M_p}{(n_m - n_p)}\left[n_m - \frac{Vi_g i_0}{0.377r_k}\right]^2 \tag{8.10}$$

式中　　M_{max}——发动机最大扭矩，N·m；
　　　　M_p——发动机最大功率时对应的扭矩，N·m；
　　　　n_m——发动机最大扭矩时对应的转速，r/m；
　　　　n_p——发动机最大功率时对应的转速，r/m；
　　　　i_0——主减速器传动比；
　　　　r_k——汽车驱动力半径，m。

汽车驱动力按下式计算：

$$F_t = M_e i_g i_0 \eta_t / r_k \tag{8.11}$$

式中　　η_t——传动系传动效率。

2. 汽车在坡道上行驶方程

汽车在附加车道的上坡坡段上行驶时，由发动机产生的驱动力需用来克服空气阻力、摩擦力、坡道阻力和惯性阻力四方面的行驶阻力，汽车行驶方程式可以用汽车在行驶时汽车的驱动力和汽车外界阻力之间的平衡关系式来表示：

$$F_t = F_w + F_f + F_i + F_j \tag{8.12}$$

把上述分析中汽车行驶各种阻力计算公式中带入公式（8.12），得：

$$M_e i_g i_0 \eta_t / r_k = \left[G\cos\alpha - \frac{C_{DZ}\xi AV^2}{21.15}\right]f + \left[G\cos\alpha - \frac{C_{DZ}\xi AV^2}{21.15}\right]i + \frac{C_D \xi AV^2}{21.15} + \delta m \frac{du}{dt} \tag{8.13}$$

式中　η_t——传动系传动效率；
　　　M_e——海平面高程上的值，m；
　　　G——汽车满载的总重，N。

上式表示汽车在满载情况且在海拔为海平面高度下的车辆行驶平衡方程，而实际情况下，汽车行驶条件一般不能满足以上条件，而当汽车行驶道路的海拔不是海平面且车辆也不是满载情况下，则需要对以上方程进行修正，在此需要引进动力因数 D 的"海拔-总重-功率"修正系数 λ。

$$\lambda D = \lambda \frac{F_t - F_w}{G} \tag{8.14}$$

$$\lambda = \xi \left(\frac{N'}{G'} / \frac{N_m}{G} \right) \tag{8.15}$$

式中　N'——发动机实际功率，W；
　　　G'——汽车实际载重量，N。

引入修正系数后，汽车在变速行驶的时候加速度公式转换为：

$$a = \frac{\mathrm{d}u}{\mathrm{d}t} = \frac{\lambda g}{\delta} \left[D - \left(\cos\alpha - \frac{C_{DZ}\xi A v^2}{21.15G} \right) \frac{(f+i)}{\lambda} \right] \tag{8.16}$$

3. 典型货车车型选取

在双车道公路上行驶的慢车中，最主要的一部分为货车，坡度对车辆的影响也是货车影响较大，对小客车影响较小。载货汽车随着爬坡坡度的增大，其加速能力和行驶车速都会显著降低。因此，本研究在进行附加车道最大上坡坡度分析时，选用公路上行驶的典型中型货车东风中型货车 DFA1080S12D3 为主要的研究车型，这也符合我国公路车型的客观事实。

8.3.2　附加车道纵坡推荐值

在附加车道坡度较大的情况下，慢速车辆在附加车道内行驶，其车速将会由原来的速度 v_1 减少到可容许车速 v_2，v_1 为慢速车辆行驶最高车速。据调查，慢速车辆车速一般比快速车辆车速低 10~20 km/h，快速车辆车速取双车道公路设计速度。v_2 为车辆爬坡后可容许降低的终速度。根据初始速度 v_1 不同，v_2 与 v_1 差值在 5~20 km/h 不等，主要取值如表 8.6 所示。

附加车道上坡最大坡度限制主要考虑车辆行驶在坡度为 i 的上坡坡段时，在坡长限制（附加车道长度）条件下，其速度不能低于容许终速度 v_2，如果低于终速度 v_2，则表示坡度大于可设置附加车道的极限最大上坡坡度 $i_{\max}$。

表 8.6　不同设计速度下汽车爬坡时初始速度与最终速度取值

设计速度（km/h）	80	60	40	30
初始速度 v_1（km/h）	60	45	30	20
最终速度 v_2（km/h）	40	30	20	15

根据汽车行驶时距离与速度的关系，即可推算出汽车在上坡时行驶的距离，从而可以求出汽车爬坡坡长（附加车道长度），其计算公式如下：

$$s = \int_{v_1}^{v_2} \frac{v}{a} \mathrm{d}v = \frac{1}{3.6^2} \int_{v_1}^{v_2} \frac{v}{a} \mathrm{d}v = \frac{1}{3.6^2} \int_{v_1}^{v_2} \frac{v}{\frac{\lambda g}{\delta} \left[D - \left(\cos\alpha - \frac{C_{DZ}\xi A V^2}{21.15G} \right) \frac{(f+i)}{\lambda} \right]} \mathrm{d}v \tag{8.17}$$

根据上一节附加车道长度的建议值和地形的关系，取平原、丘陵和山岭的平均值简化计算。上式可以用 MATLAB 来求解，得出在不同设计速度、不同坡段长度（附加车道长度）、不同海拔的附加车道最大容许坡度 i_{max}，如表 8.7。

表 8.7　不同设计速度下双车道公路附加车道容许最大上坡坡度计算值　　　　单位:%

设计速度/(km/h)	坡道长度/m	$H=0$ $\lambda=0.9$	$H=1000$ $\lambda=0.797$	$H=2000$ $\lambda=0.704$	$H=3000$ $\lambda=0.62$
80	400	5.16	4.96	4.25	3.83
60	340	5.53	5.22	4.86	4.43
40	320	5.64	5.31	4.95	4.54
30	310	5.71	5.36	5.03	4.62

从表 8.7 可以看出，附加车道上坡坡度限值随着海拔的增加而减少，根据表 8.7 中的计算值，给出的双车道公路附加车道最大上坡坡度推荐值如下。

1) 设计速度为 80 km/h 时，低海拔地区（0~1000 m）附加车道坡度 5.0%，高海拔地区（1000~3000 m）附加车道坡度小于 4.0%。

2) 设计速度为 60 km/h 时，低海拔地区（0~1000 m）附加车道坡度小于 5.3%，高海拔地区（1000~3000 m）附加车道坡度小于 4.5%。

3) 设计速度为 40 km/h 时，低海拔地区（0~1000 m）附加车道坡度小于 5.5%，高海拔地区（1000~3000 m）附加车道坡度小于 4.7%。

4) 设计速度为 30 km/h 时，低海拔地区（0~1000 m）附加车道坡度小于 5.6%，高海拔地区（1000~3000 m）附加车道坡度小于 4.9%。

参 考 文 献

[1] JTG B01-2014 公路工程技术标准［S］. 北京：人民交通出版社，2014.
[2] JTG D20-2006 公路路线设计规范［S］. 北京：人民交通出版社，2006.
[3] JTG/T B05-2004 公路项目安全性评价指南［S］. 北京：人民交通出版社，2004.
[4] Cheng Guozhu, Wu Lixin, Xu Liang, Qin Lihui, Wang Yuxia. Overtaking Safety Evaluation and Setting of Auxiliary Lane on Two-lane Highway in China. Mathematical Problems in Engineering, 2016：Article ID 2603828.
[5] 程国柱，翟露露，秦丽辉，王玉霞. 双车道公路设置附加车道交通量条件研究. 交通运输系统工程与信息，2015，15（3）：228-233.
[6] 吴立新. 双车道公路线形与交通安全的关系研究［D］. 长春：吉林大学，2006.
[7] 王玉霞. 双车道公路附加车道设置条件研究［D］. 哈尔滨：哈尔滨工业大学，2014.
[8] 李德欢. 双车道公路附加车道效益评估与设计要素研究［D］. 哈尔滨：哈尔滨工业大学，2015.
[9] Melody D M, Crux F S. Developing a Practical Design Guide for Passing Lanes on No-Passing Zones of Twolane Rural Highways［A］. Transportation Research Board 84th Annual Meeting［C］, Washington D. C. 2005.
[10] Breewer M A, Wooldridge M D. Signing for Passing Lane Sections on Two-Lane Rural Roadways in Texas［A］. Transportation Research Board 82nd Annual Meeting［C］, Washington D. C. 2003.
[11] Llorca C, García A, Pérez A M, and Moreno A T. New Experimental Approach for Passing Gap Acceptance［A］. Transportation Research Board 91st Annual Meeting［C］, Washington D. C. 2012.
[12] Takemoto A, Munehiro K, Takahashi N, Kasai S. Construction of a Passing Maneuver Model on a Two-lane Highway with Consideration of Road Surface and Visibility Conditions［A］. Transportation Research Board 90th Annual Meeting［C］, Washington D. C. 2011.
[13] Carlos Llorca, Ana Tsui Moreno. Alfredo García and Ana María Pérez-Zuriaga. Observations of Daytime and Nighttime Passing Maneuvers on a Two-lane Rural Road in Spain［A］. Transportation Research Board 92th Annual Meeting［C］, Washington D. C. 2013.
[14] Kulmala R. Measuring Safety Effect of Road Measures at Junctions［J］. Accident Analysis and prevention, 1994, 26（6）：40-43
[15] Polus A, Livneh M, Frischer B. Evaluation of the Passing Process on Two-lane Rural Highways［J］. Transportation Research Record, 2000, 17（1）：53-60.
[16] Clarke D, Ward P, Jones J. Overtaking Road-accidents：Differences in Maneuver as a Function of Driver Age［J］. Accident Analysis and Prevention, 1998, 5（30）：455-467.
[17] Haneen Farah, Shlomo Bekhor, Abishai Polus. Risk Evaluation by Modeling of Passing Behavior on Two-lane Rural Highways［J］. Accident Analysis & Prevention, 2009, 4（41）：887-894.
[18] Persaud. B, Lyon. C, Bagdade J. Evaluation of Safety Performance of Passing-Relief Lanes［A］. Transportation Research Board 92th Annual Meeting［C］, 2013.
[19] Freedman Z, Al-Kaisy A. Empirical Examination of Passing Lane Operational Benefits on Rural Two-Lane Highways［J］. Journal of Transportation Research Forum, 2010. 3（49）：53-68.
[20] Samuel G, Charlton. Delineation Effects in Overtaking Lane Design［J］. Transportation Research Part F：Traffic Psychology and Behaviour, 2007, 4（10）：153-163.
[21] Brimley B, Saito M, Schultz G. Calibration of Highway Safety Manual Safety Performance Function and Development of New Models for Rural Two-lane Two-way Highways［A］. Transportation Research Board

[22] 91st Annual Meeting [C], Washington D. C. 2012.
[22] Howard L, Steven S. Calibration of Highway Safety Manual Prediction Method for Rural Kansas Highways [A]. Transportation Research Board 91st Annual Meeting [C], Washington, D. C. 2012.
[23] Kulmala R. Measuring Safety Effect of Road Measures at Junctions [J]. Accident Analysis and Prevention, 1994, 26 (6): 781−794.
[24] Melody D M, Crux F S. Developing a Practical Design Guide for Passing Lanes on No−Passing Zones of Two−lane Rural Highways [A]. Transportation Research Board 84th Annual Meeting [C], Washington, DC, 2005
[25] Rakhah L I. Vehicle Dynamics Model For Predicting Maximum Truck Acceleration Levels [J]. Journal of Transportation Engineering, 2001, 127 (5): 418 −425.
[26] 张慧丽, 陈队永, 孙海龙. 超车视距设计中的风险评价 [J]. 道路交通与安全, 2008, 8 (2): 34−38.
[27] 单晓峰, 夏东, 王昊. 双车道公路超车两难区域研究 [J]. 公路交通科技, 2007, 24 (3): 111−114.
[28] 邵长桥, 刘江, 荣建, 等. 双车道公路上驾驶人超车行为研究 [J]. 北京工业大学学报, 2007, 33 (3): 302−305.
[29] 王润琪, 周永军, 肖传恩. 双车道公路超车视距计算方法 [J]. 交通运输工程学报, 2011, 11 (3): 48−54.
[30] 杨泽龙. 双车道公路交通安全性预测模型研究 [J]. 公路交通科技 (应用技术版), 2011, (12): 194−199.
[31] 程国柱, 李英涛, 等. 道路线形设计 [M]. 北京: 知识产权出版社, 2014.
[32] 程国柱, 等. 道路勘测设计. [M]. 北京: 中国建筑工业出版社, 2015.
[33] 张亚平, 程国柱. 道路通行能力 [M]. 北京: 中国建筑工业出版社, 2016.

图书在版编目（CIP）数据

双车道公路线形安全与附加车道设计方法 / 程国柱，吴立新著. —北京：知识产权出版社，2016.9
ISBN 978-7-5130-4450-9

Ⅰ.①双… Ⅱ.①程… ②吴… Ⅲ.①公路—安全设计 Ⅳ.①U412.36

中国版本图书馆 CIP 数据核字（2016）第 218474 号

责任编辑：刘 爽　　　　　责任校对：谷 洋
封面设计：刘 伟　　　　　责任出版：卢运霞

双车道公路线形安全与附加车道设计方法

程国柱　吴立新　著

出版发行：知识产权出版社有限责任公司	网　　址：http://www.ipph.cn
社　　址：北京市海淀区西外太平庄 55 号	邮　　编：100081
责编电话：010－82000860 转 8125	责编邮箱：39919393@qq.com
发行电话：010－82000860 转 8101/8102	发行传真：010－82000893/82005070/82000270
印　　刷：北京中献拓方科技发展有限公司	经　　销：各大网上书店、新华书店及相关专业书店
开　　本：787mm×1092mm　1/16	印　　张：8.5
版　　次：2016 年 9 月第 1 版	印　　次：2016 年 9 月第 1 次印刷
字　　数：210 千字	定　　价：39.00 元

ISBN 978-7-5130-4450-9

出版权专有　侵权必究

如有印装质量问题，本社负责调换。